Angelika Frikell

Die Drachenbrosche und andere Märchen und Geschichten

Angelika Frikell

Die Drachenbrosche und andere Märchen und Geschichten

Re Di Roma-Verlag

Bibliografische Information der Deutschen Nationalbibliothek:
Die Deutsche Nationalbibliothek verzeichnet diese Publikation in der Deutschen Nationalbibliografie; detaillierte bibliografische Daten sind im Internet über http://dnb.ddb.de abrufbar.

ISBN 978-3-86870-650-5

www.rediroma-verlag.de
9,95 Euro (D)

Inhaltsverzeichnis

Die Drachenbrosche

Linda kam gerade von der Arbeit und setzte sich in die vollbesetzte U-Bahn. Irgendwie ging es ihr heute nicht so gut. Sie fasste sich an die Stirn: Brütete sie etwa etwas aus?

Sie versuchte die menschlichen Geräusche und die Menschen zu ignorieren. Sie wollte nur noch nach Hause und alleine sein. Sich ins Bett legen und gesund schlafen, wie sie es nannte. Sie machte die Augen zu. Nur einen Augenblick. Nur nicht von den anderen Leuten ablenken lassen.

Plötzlich ruckte die U-Bahn. Sie machte die Augen auf. Mist. Sie hatte die Station, wo sie aussteigen musste, verpasst. Einfach verschlafen. Nun war sie in Ruhleben gelandet – an der Endstation.

Sie stand auf und merkte, wie sich alles um sie drehte. »Ich muss was trinken, bevor ich wieder zurückfahre«, dachte sie. Mit diesen Gedanken verließ sie die Bahn und ging die Treppe hinunter. Sicher gab es einen Kiosk oder ein Lokal, wo sie schnell etwas trinken könnte.

Und tatsächlich, gegenüber sah sie ein kleines chinesisches Lokal. Nichts wie hin. Sicher könnte sie dort auch eine Hühnersuppe bekommen. Dies soll ja Wunder helfen bei Erkältungen. Sie überquerte die Straße, öffnete die Tür und betrat das winzige Restaurant. Es war wirklich überschaubar, nur drei kleine Tische – und sie setzte sich an einen von ihnen.

Sie schaute sich um. Ihr war immer noch leicht schwindlig. Irgendwie hatte sie auch das Gefühl, dass es sehr warm in dem kleinen Raum war. Nicht stickig, nein, aber man könnte es mit dunstig umschreiben. Es fühlte sich seltsam an und trotzdem angenehm.

»Ich werde wohl *doch* eine Erkältung bekommen«, dachte sie.

Vorsichtig drehte sie sich weiter auf dem Stuhl um. Der Raum war wirklich nicht groß, aber sie empfand eine angenehme Atmosphäre. Und dann sah sie sie. In der Ecke saß eine alte Chinesin. Sehr alt sogar. Das Alter hätte sie überhaupt nicht bestimmen können. Sie hatte überall Runzeln und Falten im Gesicht. Und trotzdem sah sie in einer undefinierbaren Art und Weise jung aus. Das musste wohl an den Augen liegen. Denn in dem Moment, wo Linda sich umgedreht hatte, begegneten sich ihrer beiden Augen. Sie spürte einen warmen Schauer über ihren Körper laufen.

Die Chinesin hatte ein für dieses Land typisches Kleid an. Es war aus wunderbarer roter Seide, mit einem herrlichen Blumenmuster in gelb darauf. Diese Blüten blitzten wie Sonnen aus dem Stoff und Linda hatte das Gefühl, als würde auch Licht aus ihnen scheinen. »Wie schön das ist«, dachte sie und konnte den Blick nicht mehr abwenden.

Die alte Dame saß in einer Ecke des Raumes, rings herum waren Stoffe an der Wand angebracht. Jetzt entdeckte Linda auch das große Schild an der Wand. »Vergangenheit, Gegenwart und Zukunft«, las sie da. Aha. Das musste also so eine Art Wahrsagerin sein? Und dann stand da noch: »Mei-Ling hilft Ihnen«.

Aufmunternd sah Mei-Ling zu Linda herüber. Sie hob die rechte Hand und bedeutete ihr, sie solle doch zu ihr kommen. Da war es wieder, dieses angenehme Gefühl. Normalerweise würde Linda auf solche Aufforderungen nicht reagieren. In heutiger Zeit musste man sehr aufpassen. Hier aber löste diese weiche flüssige Handbewegung der alten Frau Vertrauen aus.

Linda schob den Stuhl nach hinten, stand auf und ging die wenigen Schritte zum Tisch der Chinesin. Jetzt konnte sie auch alles genau erkennen. Auf dem Tisch lag eine samtartige blaue Decke und auf dieser lagen kleine Karten, blitzende Gegenstände wie kleine Kristalle, andere Gegenstände, die sie nicht identifizieren konnte.

Erneut eine kleine Handbewegung der Chinesin und Linda setzte sich der Frau gegenüber.

Wieder sahen sich die beiden Frauen direkt an und Linda konnte die Wärme der Augen nun direkt sehen. Was für tolle Augen diese Chinesin doch hatte. Warm und auch klug. Eine tolle Mischung. Linda hatte sich im ganzen Leben schon immer für die Augen der Menschen interessiert. Schon als Kind hatte sie gewusst, dass der Satz stimmt: »Die Augen sind der Spiegel der Seele.« Hier war es wieder zu spüren.

Linda wunderte sich nun auch nicht mehr, was sie eigentlich hier tat. Irgendwie fühlte sich alles richtig und stimmig an.

Die Chinesin lächelte sie nun an. Es war, als läge sie auf einer Terrasse und Sonnenstrahlen würden ihren Körper wärmen.

Linda war fasziniert.

Und jetzt sprach Mei-Ling sie direkt an: »Du bist auf der Suche, mein Kind? Du möchtest wissen, warum das alles so ist, nicht wahr?!

Linda nickte leicht und konnte die Augen nicht von der Frau lassen.

»Gut«, sagte diese. »Du hast mich gefunden, also kann ich dir auch ein bisschen weiterhelfen«.

»Gefunden«? dachte Linda. Das ist wohl nicht das richtige Wort. Sie war doch nur durch Zufall hier.

»Doch doch«, antwortete die Chinesin, als hätte sie die Gedanken aufgefangen. »Auch wenn du es momentan nicht mehr weißt, du hast mich gesucht und gefunden«.

Dabei hatte sie die Gegenstände auf dem Tisch neu geordnet und hielt einige kleine Stäbchen in den Händen.

»Dann wollen mir mal sehen«, begann sie wieder zu sprechen. »Du möchtest etwas über deine Familie wissen«, sagte sie mehr, als sie fragte. »Schauen wir doch mal, was die Stäbchen uns zu sagen haben. Aber vorher sei dir im klaren, dass dieses Wissen dir helfen soll! Du magst vielleicht denken, dass es dich belastet. Aber das ist nicht so. Nie so. Dieses Wissen hilft dir, Sachen und vor allem UR-SACHEN richtig zu verstehen. Und was man richtig versteht – davor braucht man keine Angst mehr zu haben. Und wenn du alles – nach vielem Nachdenken sicherlich – verstanden hast, dann wirst du auch verzeihen können.«

Unmerklich hatte Linda mit dem Kopf geschüttelt und die Chinesin griff dies sofort auf.

»Doch! Es wird ein bisschen dauern, zugegeben. Aber später wirst du alles verstehen und sogar anderen Menschen durch dein erworbenes Wissen helfen können«.

Erstaunt riss Linda die Augen auf. Sie sollte anderen Menschen helfen? Das hatte sie immer gewollt. Nicht umsonst machte sie gerade eine Ausbildung zum Heilpraktiker. Doch sie hatte keine Zeit zum Nachdenken. Die Chinesin hatte in der Zwischenzeit die Hölzchen in den Händen gemischt, wie andere ein Kartenspiel mischen würden.

Linda sah genauer hin. Tatsächlich, auf den kleinen Holzteilen konnte sie chinesische Schriftzeichen erkennen. Also gab es doch unterschiedliche Teilchen.

Gebannt sah Linda auf die Hände von Mei-Ling. Die hatte geschickt mit einer plötzlichen Handbewegung die Stäbchen auf den Tisch fallen lassen.

»Dann lass uns mal sehen«. Sie beugte den Kopf über den Tisch und sagte dabei: »Du musst wissen, dass Vergangenheit, Gegenwart und Zukunft eng zusammenhängen.

»Gut«, dachte Linda. »Das ist nun wirklich kein Geheimnis.«

»Nein, nein, du verstehst nicht«, bekam sie prompt zur Antwort. Und wieder hatte Linda das Gefühl, die Frau könne ihre Gedanken lesen. »Ihr Menschen aus der westlichen Welt trennt diese Sachen. Aber wenn du dich richtig damit beschäftigst, wirst du herausfinden, dass alles GLEICHZEITIG stattfindet bzw. stattfinden kann«. Sie nickte dabei bestätigend mit dem Kopf.

Und unbeirrt von Lindas fragenden Augen fuhr sie fort: »Hier schau mal.« – und sie zeigte dabei auf eines der Hölzchen. »Es geht um deinen Vater.«

»Ach herrje«, dachte Linda. »Ausgerechnet mein Vater.«

»Ja, du hast Recht«, sprach Mei-Ling weiter. »Wisse, dass es in JEDER Familie ein Familien-Geheimnis gibt. Absolut in jeder Familie. Das ist NICHT das Geheimnis! Es geht darum, WELCHES Geheimnis es ist. Damit lösen sich die Familienstricke.«

»Stricke, aha«, dachte Linda wieder.

»Ja, Stricke«, kam sofort die Antwort und Linda wunderte sich bereits nicht mehr, sofort Antworten auf ihre Gedanken zu bekommen.

»Ich werde dir jetzt einiges über dich und deine Eltern erzählen. Unterbrich mich jetzt bitte nicht mehr. Denn was ich dir zu sagen habe, ist wirklich wichtig. Wichtig für dich und deine Zukunft. Außerdem unterschätze nicht, was ich dir zu sagen habe. In dem Moment, wo ich etwas anspreche und ausspreche, passiert bereits Heilung bei dir. Heilung deiner Seele und deiner Verletzungen, die du seit Jahren mit dir herumschleppst.

»Richtig«, dachte Linda. Manchmal hatte sie das Gefühl gehabt, als würde sie einen Sack mit sich herumschleppen und mit sich ziehen. Einen schweren Sack über der Schulter tragen, der bis auf den Boden schleifte und der sie wirklich schwer belastete. Und das jeden Tag und auch jede Nacht. Kein Entkommen. Deshalb wusste sie sofort, was die Chinesin meinte.

Jetzt lehnte sich Linda bewusst zurück, versuchte sich zu entspannen und stellte sich auf das Zuhören ein. Sie wusste instinktiv, dass es sehr wichtig für sie war, jedes Wort mit allen Sinnen aufzunehmen.

Sicher würde sie nicht alles im Kopf behalten, das war ihr schon klar. Aber ihre Seele würde alles aufnehmen können. Und ihr Herz auch. Aufmerksam schaute sie nun die Alte an, die auch schon begann.

»Wisse also, dass ALLES mit ALLEM zusammenhängt. Das ist nicht neu. Aber mache es dir ***ab heute täglich bewusst!*** Nur wenn du heute beispielsweise deine Schuhe putzt, kannst du morgen mit sauberen Schuhen in den Tag gehen. Das Leben ist genauso. Doch jetzt zu deinem Leben im Einzelnen: Ich sehe, du hast eine schwere Kindheit hinter dir. Dein Vater war sehr dominant. Oh ja. Er hat dich geschlagen, nicht wahr?! Aber was frage ich dich, ich sehe es ja hier. Und die Hilfe, die du von deiner Mutter erwartet hast, hast du auch nicht so richtig bekommen. Es gab zwar auch Phasen von Liebe, aber die waren eher dünn gesät. Ah ja, hier ist auch noch eine Großmutter. Die stand dir positiv gegenüber. Aber die hatte *nicht die Kraft,* dir viel zu helfen. Du wolltest immer Geschwister haben. Aber diese sind sehr früh wieder von dieser Welt gegangen. Gestorben, wie man hier sagt. Auch das hatte seine Richtigkeit. Du solltest keine Hilfe bekommen.«

»Wie, keine Hilfe bekommen«, dachte Linda entsetzt. Das ist ja der Hammer. Das machte ja alles noch schwieriger. Und Tränen stiegen ihr dabei in die Augen.

Unbeirrt davon erzählte Mei-Ling weiter. »Mädchen, höre mir doch zu«, kam es stattdessen eindringlich. Und sofort fühlte sich Linda wieder wie eingehüllt in Liebe. Unfassbar, was für ein tolles Gefühl. Ja, hier konnte sie sich fallen lassen. Sie hörte wieder aufmerksam zu.

»Schau! Als du auf die Welt kamst, hast du dir vorher einen Plan gemacht. Einen groben Plan, wo du alles aufnotiert hast, was du in diesem Leben lernen wolltest. Mit den Menschen, mit denen du in diesem Erdenleben leben wolltest, hast du dies alles vorher abgesprochen! Glaube mir, genau so war das. So macht das JEDES Erdenkind! Ganz sicher! Absolut sicher. Wir überlegen uns vorher ganz genau, was wir lernen möchten und was wir erreichen wollen.

Und dazu brauchen wir die richtigen Menschen und die richtigen Situationen. Kannst du mir noch folgen?«

Mechanisch nickte Linda. Gehört hatte sie davon schon mal. Aber glauben hatte sie es nicht wollen. Nun kamen diese Sätze und Weisheiten erneut auf sie zu. Sie würde sie jetzt wohl doch beachten müssen.

»Und ich sage dir jetzt, was du im Innern bereits geahnt hast. Ja, du wolltest immer mit Menschen arbeiten. Dein Ziel war und ist es und wird es sein«, und damit zeigte sie auf das Schild hinter, sich »Vergangenheit – Gegenwart – Zukunft.«

»Menschen in deiner Umwelt zu helfen.

Das ist DEIN Lebensziel.«

Das kam mit so viel Nachdruck, dass Linda am ganzen Körper erschauerte.

»*Das* hast du dir vorgenommen. Nichts anderes kam für dich diesmal in Frage«.

»Diesmal«, wiederholte Linda in Gedanken mechanisch.

»Dieses Mal«, so griff Mei-Ling auf, »dieses Mal wolltest du es vollbringen. Und dies ist naturgemäß ein steiniger und harter Weg. Schau, es ist doch *eigentlich* ganz einfach. Ich gebe dir ein Beispiel, damit du weißt, was ich meine: Wenn du schwimmen willst, so musst du es auch erst lernen. Du suchst dir ein Schwimmbad aus, wo es dir gefällt. Vielleicht hast du Glück und es liegt in einer schönen Umgebung. Oder sogar in einem Wald. Dann brauchst du einen Schwimmlehrer, ist doch ganz klar. Dann musst du die Angst überwinden und ins Wasser gehen. Erst gibt es Trockenübungen am Rand, doch schlussendlich musst du selbst ins Wasser gehen. Dort fühlst du dich ziemlich alleine. Bist es aber nicht. Denn dein Lehrer steht am Beckenrand und passt auf dich auf. Er könnte dich jederzeit retten, aber Ziel ist es ja, dass du ALLEINE schwimmen kannst. Und was dir am Anfang so schwer vorkam, dass weißt du irgendwann gar nicht mehr. Heute springst du einfach in das Wasser und schwimmst, nicht wahr? Findest du es heute noch schlimm, dass du damals ab und zu Wasser geschluckt hast? Na siehst du. Das war für den Augenblick schlimm. Sicher. Aber unerlässlich, damit du alles so gut kannst, WIE du es HEUTE kannst. Verstehst du?«

Aufmerksam schaute Mei-Ling Linda an. Die konnte nur nicken, weil sich die Augen doch leicht mit Tränen füllten.

»Na siehst du«, munterte sie Linda auf. Es geht doch. »So, und nun setzen wir diese Weisheiten mal in das Leben um: Dein Lebensziel, um es nochmals zu sagen, ist: Menschen zu helfen. Dazu musst *du* aber selber mit *deinem Leben* klar kommen. Ist doch logisch, oder? Also was hast du dir dafür ausgesucht? Mal sehen. Du wolltest kein Waldschwimmbad haben.« Sie lächelte dabei. »Nein, du hast dir für diese Erdenreise ein ganz normales Hallenbad in einer Großstadt ausgesucht. Mit viel Chlor und wenig Schnörkeln ... also eine einfache Variante. *Das war genau richtig für dich!* Sonst hättest du es dir nicht ausgesucht, ich wiederhole es noch mal.«

Eindrücklich sah sie Linda an. »Das ist wichtig. Begreife es doch! Du wolltest es selber so haben. Es ist damit die absolut richtige Auswahl für dich. Selbst gewählt. Weil es das richtigste und wichtigste ist, damit du dein Ziel erreichst. Verstanden?«

Linda nickte erneut mechanisch. Das würde sie verinnerlichen müssen, das war ihr jetzt klar.

Einfache – ja einfachste Wahrheiten – aber erarbeiten musste man sich das selber.

Jeder für sich. Oh mein Gott – so einfach und doch so schwer.

Aber sie musste sich wieder konzentrieren, denn Mei-Ling sprach bereits weiter.

»Um bei unserem Bespiel zu bleiben mit dem Schwimmen … Du hast dir also das Schwimmbad ausgesucht und bist dort also »zur Welt gekommen«. Deine Schwimmmeister und Lehrer waren allesamt deine Mitmenschen in deiner Jugend und in deinem ganzen Leben! Und wenn es auch für dich hart war, aber genau DIE hast du gebraucht, um richtig schwimmen zu lernen. Ich weiß, das ist schwer zu fassen. Aber denke einfach darüber nach. Das eine oder andere – gut, damit möchtest du hadern. Und hast Widersprüche dagegen. Das nützt dir aber nichts! Alle und alles war richtig und wichtig für dich! Glaube es mir. Und wenn du einmal eine Situation in deiner Vergangenheit überdenkst und den Sinn dabei herausgefunden hast – NUR EINE – zum Anfang, dann hast du den Anfang des sogenannten Knäuels in deinem Leben gefunden. Dann kannst du auch an die vielen anderen Erfahrungen im Leben gehen. Du wirst DANN die Antworten finden. *Warum* das alles für dich wichtig war. Gehen wir wieder zurück zu deinem Schwimmunterricht:

Sicher, du hast viel Wasser geschluckt beim Schwimmen Lernen. Hast neidisch zu den anderen Mitschülern geschaut, die es leichter hatten als du. Das schönere Handtuch, den besseren und teueren Badeanzug. Die es scheinbar leichter hatten als du. Aber auch die hatten ihr Päckchen zu tragen. Nur hast du dies in diesem kleinen Ausschnitt – den du damals hattest – nicht gesehen. Du darfst mir wirklich glauben. Doch zurück zu deinen Lehrern. Die ersten Lehrer sind also deine Eltern im Leben. Und die hatten mit dir ausgemacht, sich GENAU SO zu verhalten, wie sie es im richtigen Leben mit dir taten. So und nicht anders. Schau doch genau hin: Nur so hast du gelernt, wie es ist, geschlagen zu werden. Nicht schön, sicherlich. Aber HEUTE kannst du Kinder verstehen und deren Verhaltensweisen, wenn sie in der Familie geschlagen werden, und erkennst die Mechanismen, die sich dort abspielen. Du durchschaust das Spiel, wenn sie nicht zugeben wollen, dass die Eltern sie misshandeln. Nur so kannst du helfen. Verstehst du jetzt?«

Linda fühlte sich plötzlich wie aufgeladen. Vor ihr breitete sich die Erklärung für so einiges aus.

Mit einem Mal verstand sie!

Später im Leben hatte sie einen Ehemann, der sie geschlagen hatte. Damals war es eine schlimme Zeit gewesen. Nie hatte sie zugeben können, dass ihr Ehemann sie schlug, nicht einmal beim Arzt. Als sie das erste Mal ausgesagt hatte, dass sie die Treppe heruntergefallen sei, um die blauen Flecke zu erklären, hatte sie es schon im Inneren gespürt. Das ist nicht richtig. Das machen auch andere Frauen durch. Aus diesem Kreislauf musst du raus.

Später war sie tatsächlich – nur mit einer Handtasche unter dem Arm – dem Haus und den Prügeln entflohen und hatte sich Polizeischutz gesucht. Dann kamen andere Menschen in ihr Umfeld und halfen ihr bei der Bewältigung der immensen Aufgaben, die dadurch entstanden waren.

»Ja, ich verstehe das. Wenn ich jetzt einer Frau sagen kann, ich VERSTEHE dich, so weiß sie das ganz genau.

Ich habe das Wissen nicht aus Büchern! Ich kenne die Mechanismen jetzt und weiß, wie man denen entfliehen kann – wie man sich retten kann. Und mir glaubt man. Weil das, was ich sage, identisch ist mit dem, was ich fühle!«

»Siehst du, deswegen ist es alles richtig, was wir erleben. Auch wenn es uns in der Situation selbst keinen Spaß macht. Doch nochmals zurück zu unserem Schwimm-Beispiel. Du hast also im Leben viel Wasser geschluckt. Oft hast du gedacht, das lerne ich nie. Richtig? Oft warst du erschöpft und hast mit den Lehrern gerungen. Wolltest nicht mehr und die haben dich dann gezwungen, es immer und immer wieder zu versuchen.

Am Anfang hast du vielleicht Schwimmflügel gehabt, die wurden dir dann genommen. Du fühltest dich unsicher und hieltest die Lehrer für gemein. Doch schlussendlich waren alle nur darauf bedacht, dass du lernst – schwimmen lernst.

Dann gab es auch noch den Drill. Nicht nur schwimmen, sondern auch bestimmte Sachen lernen. Wie Rückenschwimmen oder Brustschwimmen. Damals hast du nicht verstanden, wozu das gut sein sollte. Sie haben dich gezwungen, auf das 3m-Brett zu klettern und zu springen. Was hattest du oft Tränen in den Augen. Aber schlussendlich hast du es geschafft! Nicht wahr? Du hattest erst den Freischwimmer und dann hast du noch weitergemacht.

Und inzwischen hast du dich zum Rettungsschwimmer ausbilden lassen. Siehst du die Zusammenhänge? Ganz einfach.

Jetzt ist es an dir, Menschen zu retten. Und du bist so weit, dass du auch noch andere ausbildest, die dann selber Rettungsschwimmer werden.

Schön, was?

Dazu war diese harte Ausbildung nötig. Und wenn du dies als Schlüssel nimmst, so wird dir noch mehr in deinem Leben klar werden als hier und Jetzt in diesem Moment.«

Damit sah sie Linda nochmals mit aller Liebe an und schob die Stäbchen zusammen.

»Alles, was ich gesagt habe, betrifft vom GRUNDSATZ jeden Menschen. Aber: Ich mache dir noch ein kleines Geschenk.«

Plötzlich hatte sie etwas in der Hand. Es war eine Brosche: ein chinesischer Drachen. Ein traumhaft schönes Stück, das sie weder vorher gesehen hatte und auch nie wieder sehen würde. Ein absolutes Unikat also, das herrlich aussah: Groß war der Drache für eine Brosche. Der Kopf war mit glitzernden hellen Kristallen versehen. Riesige Barthaare standen in Gold von seinem Gesicht ab. Er besaß grüne Augen und war toll anzusehen. Nicht fürchterlich, nicht Angst einjagend, sondern einfach nur schön. Der Körper war gewunden und mit blauem und grünem Emaille gearbeitet. Die Zacken auf dem Körper wiederum mit glitzernden Steinen besetzt. Die Füße waren kunstvoll ausgearbeitet und auch mit weißen Steinen besetzt. Der Schwanz endete geschwungen in Gold.

»Nimm diesen Drachen. Er wird dich an unser Gespräch und an mich erinnern. Du wirst es brauchen, um dich zu erinnern. Und nicht nur dies ist mein Geschenk. Ich habe ja gesagt, dass die Vergangenheit, Gegenwart und Zukunft dicht zusammenhängen. Also werde ich dir noch etwas über deine Zukunft sagen. Es hat sich für dich gelohnt, so viel für deine Ausbildung auf der Erde getan zu haben. Du hast so viele Schmerzen, körperlich wie auch seelisch, ertragen. Den Lohn wirst du erhalten. Sei sicher. Du wirst eine tolle Heilpraktikerin werden. Du wirst mit viel Wissen, aber auch viel Intuition die Mitmenschen heilen können. Sie werden dir vertrauen, weil du dem Leben vertraust!

Du wirst in den nächsten Jahren sehr glücklich werden.

Glücklich, weil du dein Ziel erreichst. Jeden Tag wieder erreichst. Weil du helfen kannst. Dein Lebensziel hast du erreicht und erfreust dich jede Stunde an den Erfolgen. Ist das nicht herrlich?

Du weißt jetzt alles. Sämtliche Fragen, die dir noch einfallen mögen, kannst du alleine lösen und beantworten. Mich brauchst du nicht mehr.«

Damit bedeutete sie ihr, dass das Gespräch beendet sei.

Linda stand auf und wusste, dass sie der Chinesin nichts zu zahlen hatte. Sie wusste es einfach. Das war ein Geschenk für sie. Sie verbeugte sich vor Mei-Ling und drehte sich um.

Mit der Gewissheit, ein großes Geschenk erhalten zu haben, ging sie zurück an ihren Tisch. Sie legte Geld für das Getränk und die Suppe auf den Tisch, griff ihre Tasche und Jacke und ging zur Tür. Sie brauchte sich auch nicht mehr umzudrehen. Alles war richtig so, wie es war.

In der Hand aber hielt sie den Drachen. In der U-Bahn sah sie sich ihn genauer an. Was für ein herrliches Stück. Etwas in dieser Art hatte sie noch nie gesehen. Dankbarkeit erfüllte jede Zelle ihres Körpers. Sie fühlte sich rundum warm.

Oder hatte sie doch Fieber?

Zu Hause angekommen, legte sie sich sofort ins Bett und schlief auch gleich ein. Traumlos – wie es schien – fiel sie in den Schlaf.

Erst die Sonnenstrahlen, die sie auf dem Gesicht fühlte, weckten sie am nächsten Morgen. Ein Glück, dass sie heute nicht arbeiten musste.

Linda schlug die Augen auf und erinnerte sich an den gestrigen Tag. Was für ein Erlebnis.

Vieles ging ihr durch den Kopf. Einige Fragen schienen sofort mit Antworten zu kommen. Anderes konnte oder wollte sie sich nicht so »einfach« erklären lassen.

Je länger sie nachdachte, um so mehr schien es ihr dringend, weitere Fragen an Mei-Ling zu stellen.

Sie sprang aus dem Bett, ja, sie musste nochmals mit der Chinesin sprechen. Gut, diese hatte gesagt, sie könne alles selber lösen. Aber so einfach war das nicht.

Der Weg zur U-Bahn – die Fahrt bis zur Endstation – das alles schien endlos zu dauern. Rasch rannte sie die Treppen herunter, raus aus der U-Bahn-Station und die Straße überquert.

Aber wo bitte war das kleine Lokal? Sie schaute sich verwirrt um. Hier war es doch gewesen? Oder? Sie sah kein Lokal. Eine kleine Imbissbude, einen Zeitungskiosk, aber da, wo das Lokal hätte sein sollen, klaffte eine Baulücke. Das konnte doch nicht sein. Sie sah auf den Drachen, den sie krampfhaft in der Hand hielt.

Sie hatte sich doch das alles nicht eingebildet. Sie drehte sich um und schaute herum. Kein Lokal. Absolut nichts, was annähernd dem Lokal von gestern ähnlich gewesen wäre.

Sie ging zum Imbissstand und fragte nach einem chinesischen Lokal in der Nähe.

»Ach das, das gibt es seit Jahren nicht mehr«, bekam sie zur Antwort. Sie konnte es nicht fassen.

»Aber hier muss es gewesen sein«, behauptete sie. Wollte aber nicht zu doll auftrumpfen, damit man sie nicht für »behämmert« hielt. »Da war doch auch eine Wahrsagerin, eine alte Chinesin, Frau Mei-Ling«, bettelte sie den Verkäufer an.

»Jetzt, wo Sie es so sagen. Meine Frau war auch mal bei dieser Chinesin. Die hat die Zukunft vorher gesehen. Und das sogar sehr gut. Eine gute Seele war das. Aber die ist schon lange nicht mehr hier. Das ist schon Jahre her. Die hätten sie kennenlernen sollen. Wer einmal bei ihr war, der veränderte fortan sein Leben. Und ich glaube, alle waren glücklicher danach. Aber SIE brauchen die eh nicht, wie mir scheint. Sie sehen enorm glücklich aus.«

So sprach er.

Linda schaute in die Scheibe des Imbissstandes. Es war enorm, aber der Mann hatte Recht. Sie sah strahlend aus. Und sie strahlte es auch aus. Das hatte der Mann also gemeint.

Sie bedankte sich, drehte sich um und ging wieder in Richtung der U-Bahn-Station. Derweil bemühte sie sich, ihren Gemütszustand zu definieren.

Es stimmte, sie fühlte sich ausgesprochen glücklich.

In der Hand hielt sie immer noch die Drachenbrosche.

Keine Einbildung also. Den Drachen gab es wirklich und tatsächlich.

Und wenn sie auch nicht so richtig verstand, was ihr genau dort gestern widerfahren war, es musste etwas Tolles gewesen sein.

Sie wurde still und fuhr wieder nach Hause.

Es stimmte, sie brauchte die Chinesin nicht mehr.

Gerne erinnerte sie sich in den nächsten Jahren immer wieder an Mei-Ling. Oft betrachtete sie den Drachen – der in ihrem Arbeitszimmer einen Ehrenplatz erhalten hatte.

Und die Zukunft kam, wie es Mei-Ling vorhergesagt hatte. Viele Menschen kamen zu Linda und bekamen dort Hilfe im körperlichen und seelischen Bereich.

Und dankbar erinnerte sich Linda an dieses sonderbare, aber ungemein hilfreiche Treffen und die Erfahrung, die sie machen durfte.

Und eines Tages – sie hatte wieder einmal den Drachen betrachtet – öffnete sich erneut eine Offenbarung für Linda.

Ja, so musste es sein.

Auch Mei-Ling und sie hatten also vor etlicher Zeit – noch vor diesem Erdenleben – eine Übereinkunft, eine Vereinbarung getroffen.

Mei-Ling wollte ihr bei der seelischen Reifung einen erheblichen Schritt weiterhelfen. Sie hatten beide dieses Treffen vereinbart. So konnte es nur gewesen sein.

Und Mei-Ling hatte ihr Versprechen gehalten. Als Linda es am notwendigsten brauchte, waren sie sich begegnet und als Chinesin konnte sie ihr weiterhelfen.

Glückseligkeit durchströmte Linda bei diesen Gedanken. Und auf einmal sah sie auch das Gesicht der alten Chinesin vor sich. Wie diese sie anlächelte, nichts sagte, aber lächelte, nickte, sich langsam wieder auflöste und verschwand.

Glücklich ließ sie Linda zurück, die einfach verstand und es nie vergessen würde. Solange sie lebte.

Der Läufer

»Was mache ich nur mit dem Kind«, seufzte sie. Schon wieder hatten sich die Nachbarn über ihren Sohn beschwert. Und dies leider zu Recht, wie sie zugeben musste.

Keine sieben Jahre alt war er nun, aber so aggressiv, dass sie es selbst kaum fassen konnte. Lag es daran, dass der Vater im Gefängnis saß? Dass er so kein gutes Vaterbild zu sehen bekam?

Katharina wusste es nicht. Sie gab sich alle Mühe. War liebevoll mit ihm, aber auch konsequent in der Erziehung. Doch immer wieder gab es Ärger.

Trotzdem sah sie nicht nur diesen streitbaren Teil an und in ihm. Er hatte außer dieser hitzigen auch eine weiche, liebe Seite.

Thomas war doch nicht wirklich böse. Weckte dies der schlechte Umgang mit den anderen Kindern auf der Straße? Wollte oder musste er sich dort beweisen? Forderten diese anderen Kinder ihn heraus?

Sie wusste es nicht.

»Was mache ich nur«, wiederholte sie. »So kann es doch nicht weitergehen.«

Eine Freundin hatte ihr geraten, zur Ältesten im Dorf zu gehen. Diese hätte sicher einen guten Rat parat oder könnte mit Kräutern oder Beschwörungen helfen. Lange hatte sie gezögert, aber jetzt reifte der Entschluss in ihr. Sie würde zu der weisen Frau gehen. »Schaden kann es ja nicht«, meinte sie wie zur Bestätigung zu sich selbst und sprach sich damit Mut zu.

Und so machte sie sich auf den Weg zu der Heilerin des Dorfes. Den Sohn musste sie nicht mitnehmen, jeder kannte ihn ohnehin.

Sie wartete vor der Hütte, bis die Alte ihr ein Zeichen zum Eintreten gab. Dann betrat sie die rauchige Behausung. Es roch ungewohnt nach Kräutern, aber es war nicht unangenehm. Die Alte gebot ihr, Platz zu nehmen.

»Du kommst wegen deines Sohnes«, murmelte sie. Es war eher eine Feststellung als eine Frage.

»Ja, wenn du es schon weißt«, antwortete sie und senkte dabei den Kopf. Es war ihr doch recht unangenehm, hier um Rat zu fragen. Müsste sie als Mutter nicht einfach am besten wissen, was gut an ihrem Sprössling war?

Die alte Frau ging nicht auf die resignierte Körperhaltung ein.

»Gut«, sagte sie. »Ich habe mir schon so meine Gedanken über ihn gemacht.« Sie nickte dabei mit dem Kopf und sah die Mutter direkt an.

»Schau, ich weiß, es ist nicht einfach für dich, hier zu sein. Aber es ist gut und richtig, dass du gekommen bist. Ich konnte mich dir nicht aufdrängen, ich musste warten, bis du mich fragst.«

Dabei lächelte sie und guckte aufmerksam auf die Regungen von Katharina.

Die hatte sich bei den Worten etwas entspannt und blickte nun die Weise aufmerksamer an. Durch den direkten Blickkontakt wurde sie noch ruhiger und bekam Vertrauen. Sie hatte gar nicht gewusst, was für schöne Augen die alte Frau hatte. Kein bisschen hochmütig, eher gütig, fand sie.

Nun war es auch angenehm, neben dieser Frau zu sitzen. War das möglich? Noch vor einigen Minuten hatte sie sich so unwohl in ihrer Haut gefühlt. War sie vielleicht eine Hexe? Aufmerksam beobachtete sie die Weise nochmals. Aber was sie wahrnahm, waren nur angenehme, positive Schwingungen.

Als ob die alte Frau es gespürt hätte, nickte diese ihr aufmunternd zu. »Ich bin keine Hexe, du brauchst also keine Angst vor mir zu haben«, sagte sie und lächelte ein bisschen dabei. »Aber wirklich, ich kann dir helfen. Und wenn du meinen Rat befolgst, so geht es dir, deinem Sohn und uns allen besser. Höre, was ich zu sagen habe.« Und damit machte sie eine Kerze an und stellte diese zwischen sie beide.

»Deinen Jungen habe ich schon lange beobachtet«, fuhr sie fort. »So manches Mal wollte er mir einen Streich spielen, es ist ihm aber nicht wirklich gelungen«. Auch hier schmunzelte sie und machte eine versöhnende Handbewegung, als die Mutter entsetzt guckte.

»Nicht so schlimm, wie du denkst, mache dir nachträglich keine Sorgen. Es ist nichts passiert und ich wusste immer schon vorher, was er im Schilde führte. Aber bei diesen Aktionen konnte ich ihn genau beobachten. Ihn und seine Bande. Du kannst beruhigt sein, er ist nicht wirklich böse. Nur manchmal hitzig und grimmig.«

Sie machte eine Pause, damit die Mutter sich sammeln konnte und bereit war, weiter zuzuhören.

»Meine Idee ist ganz simpel«, fügte sie hinzu. »Seine innere Kraft, die er bisher so fehlgeleitet hat, muss lediglich in die richtige Bahn gelenkt werden.« Wieder suchte sie den Blickkontakt mit der Mutter und sah diese aufmunternd an.

»Es hört sich nicht nur leicht an, es ist es auch. Dein Sohn hat viel Stärke in sich. Und er hat eine gute Körperhaltung und Konstitution. Schick ihn laufen! Das ist der gute Einfluss, den er braucht. Die ganze Konzentration braucht er dazu. Zielstrebig ist er eh und so kann er seine Fähigkeiten ausbauen«.

Die Mutter hatte verdutzt zugehört. Laufen? Das sollte die Lösung sein? Dafür war sie hergekommen? Das konnte doch wohl nicht wahr sein.

Die Alte hatte ihre Gedankengänge im Gesicht ablesen können. Sie reagierte sofort darauf.

»Schätze diesen Vorschlag nicht als gering ein«, mahnte sie. Überlege es dir gut. Es wird für alle ein Segen sein. Nun sei so gut und gehe nach Hause«.

Katharina tat, wie ihr geheißen, verließ die Hütte und ging langsam nach Hause. Ihre anfänglichen Bedenken wichen immer mehr der Hochachtung. Es konnte wirklich etwas an dieser Idee dran sein, dachte sie.

Vielleicht funktionierte es ja. Wo ist das Problem? Hier gab es keine »Nebenwirkungen«. Sie konnte es ja einmal probieren.

Und so kam es, dass sie ihrem Sohn einige Sachen auftrug, die eilig zu besorgen waren. Dies hierher bringen, dann zum nächsten Ort laufen und etwas besorgen. Am nächsten Tag eilig dem Großvater etwas auf den Hof bringen und so weiter.

Obwohl es dem Jungen anfangs lästig war, fand er immer mehr Gefallen an diesen Laufereien. Und so blieb es auch nicht aus, dass er stetig kräftiger wurde und die Muskulatur sich weiter aufbaute. Dadurch hatte er noch mehr Freude an diesen »Rennereien«, wie er es nannte.

Schon bald machte es ihm so viel Spaß, dass er kleine Wettkämpfe bestreiten konnte und natürlich fast immer gewann. Das machte ihn noch ehrgeiziger. Zeit für die früheren Freunde hatte er nun nicht mehr und auch kein Interesse mehr an deren schlechten Vorschlägen.

Er hatte ein neues Ziel und das hieß Laufen. Er konnte schon ohne diese Bewegung nicht mehr leben. Er brauchte die ständige Herausforderung und war ausgesprochen glücklich damit.

Die Mutter war stolz auf ihren Sohn. Alles hatte sich zum Guten gewendet. Die ehemals mürrischen Nachbarn sprachen inzwischen voller Bewunderung von dem Jungen. Wie sich doch das Blatt gewendet hatte.

Und es kam, wie es kommen musste. Thomas wurde ein so tüchtiger Läufer, dass er bei den olympischen Spielen mitmachen durfte. Was für eine Karriere.

Aber damit ist die Geschichte noch nicht am Ende. Es kommt noch viel schöner!

Thomas erinnerte sich sehr gut an seine Kindheit. Auch an seine Verfehlungen und den falschen Weg, den er beinahe eingeschlagen hätte.

Als er von der Mutter erfahren hatte, wer denn die gute Idee für ihn gehabt hatte, machte er sich sofort auf den Weg zu der alten weisen Frau, um ihr zu danken.

»Es ist lieb von dir, mir zu danken. Du bist ein feiner Kerl. Ich habe aber lediglich deinen Weg gesehen. Gegangen bist du ihn selbst. Freue dich also auch über dich selber«, bekam er zur Antwort. »Aber wenn du deine Lebensaufgabe wissen willst … » Sie hielt inne und betrachtete ihn abwartend. »Oh, ich sehe, du möchtest es hören! Deine Lebensaufgabe ist es, den Kindern ein Vorbild zu sein. Fördere die Söhne und Töchter, denen es genauso geht wie dir damals. Du weißt am besten, wie sich angestaute Energie anfühlt. Du bist authentisch«, wies sie ihn an. »Dir werden sie vertrauen, weil sie fühlen, wie ehrlich du es mit ihnen meinst. Und sie werden an dir sehen, was alles möglich ist.«

Und so kam es, dass der Läufer Thomas in der ganzen Welt bekannt wurde. Er engagierte sich erfolgreich für die Kinder dieser Welt, die es ihm nachtun wollten.

Der Märchenerzähler und seine Lebensaufgabe

Als wenn es gestern gewesen wäre, hörte er noch immer die Stimme des alten Mannes in seinem Ohr. Dieser hatte ihn auf dem Markt gesehen und war dann zielsicher auf ihn zugegangen, hatte sich runtergebeugt und ihm zugeflüstert: »Du wirst einmal ein ganz besonderer Heiler sein, wenn du groß bist.«

Dann hatte er ihm ernst, aber sehr liebevoll in die Augen geguckt, seiner Mutter kurz zugenickt und war dann in der Menge verschwunden.

Zurück ließ er einen aufgeregten kleinen Jungen und eine nicht minder erregte Mutter.

Das war schon lange her. Immer wieder hatte er an diesen Satz gedacht. Indes, sein Leben war ganz anders verlaufen.

Er hatte – auch schon als Kind – gerne den Erzählungen der Erwachsenen gelauscht. Auch hatte es ihn fasziniert, den Geschichtenerzählern auf dem Markt zuzuhören. Und da er ein sehr gutes Gedächtnis hatte, merkte er sich alle Märchen, die er je gehört hatte.

Seine feine Art kam ihm dann zugute und er konnte diese Erzählungen lebendig wiedergeben. Das brachte ihm großen Erfolg ein und so wurde er ein über die Stadt hinaus bekannter Märchenerzähler.

Er hatte einfach eine besondere Art, seine Geschichten darzubieten. Wenn er auf dem Boden saß und die Menschen sich neugierig um ihn scharten, so blickte er zunächst in die Runde. Er konnte es selbst nicht erklären, was sich genau dann abspielte. Aber er nahm die Menschen auf eine andere Art wahr.

Zuerst empfand er die Ausstrahlung jedes einzelnen Menschen. Es war, als tastete er die augenblicklichen Gefühle seiner Zuhörer ab. Nach einer Weile guckte er sie direkt an. Der Blick in die Augen war bereits der zweite Schritt. Dabei war ihm, als erkenne er die Seele und begreife mehr, als er mit Worten auszudrücken vermochte.

Aber es kam noch etwas anderes hinzu. Er fühlte, ja er vermochte fast körperlich die Ausstrahlung der Leute um sich herum zu erfassen. Das machte er nicht bewusst. Er wusste nicht einmal, wie genau das alles funktionierte. Aber es war für ihn notwendig, dies zu tun. Erst danach, fast automatisch, wusste er, welche Märchen er diesen Menschen schildern würde.

Er war in der Lage, seine Erzählungen so detailgetreu auszumalen, dass richtige Bilder im Kopf entstanden.

Die Geschichten und Darsteller schienen regelrecht lebendig zu werden. Die Beschreibungen trafen immer genau den Punkt.

Aber das war es nicht allein. Auch Lehren konnten die Zuhörer aus den Schilderungen ziehen. Das schien das Geheimnis des Märchenerzählers zu sein. Auf liebevolle Art konnte er die Wahrheiten darstellen, ohne jedoch auch nur einem einzigen weh zu tun. Er umriss Probleme, stellte Herausforderungen gekonnt dar und bot gleichermaßen die Lösung an.

Er schien ihnen direkt ins Herz zu sprechen. Man konnte meinen, dass er nur zu einer Person sprach, doch ein jeder fühlte sich angesprochen. Nicht einer ging vom Markt, ohne eine neue Erfahrung gemacht zu haben. Und dafür liebten ihn die Zuhörer. Er verschönerte ihnen den Tag.

Er war nun in die Jahre gekommen und inzwischen auch ein alter Mann. Zwar hatte er Falten und Runzeln im Gesicht, aber wenn man ihn direkt ansah, meinte man, in eine kleine Sonne zu gucken. Er strahlte eine gewisse Jugendlichkeit aus, ohne aber die Würde vermissen zu lassen.

Sein ganzes Leben hatte er nun als Märchenerzähler verbracht. Er hatte auf die Gelegenheit gewartet, einen Meister zu finden, der ihm die Heilkunst lehren konnte. Die Jahre waren vergangen, doch er hatte keinen Lehrer gefunden; kein Weiser hatte ihn je angesprochen oder auserwählt.

»Bald werde ich nicht mehr auf den Markt gehen und meine Märchen erzählen«, sprach er zu sich. »Wie gut, dass ich schon den kleinen Nachbarjungen mit einbezogen habe. Der hat Talent, der kann in meine Fußstapfen treten«, dachte er nachdenklich, aber ohne Trauer. »Ich bin jetzt einfach schon zu alt. Er wird den Platz gut übernehmen können.«

Wieder dachte er mit etwas Wehmut an das Erlebnis in seiner Kindheit, während er sich auf den angestammten Platz hockte. Er freute sich schon selbst darauf, welche Märchen heute das Herz und seinen Mund verlassen würden.

Wie gewohnt sah er in die Menge, die ihn nun bereits umgab. Wieder vollführte er sein jahrelanges Ritual. Er wollte sich umschauen, als er plötzlich merkte, dass ihm die Luft zum Atmen knapp wurde. Sein Herz bummerte so laut, dass er meinte, jeder in der Umgebung müsste dies auch hören. Im Innersten wusste er, sein Ende würde bald kommen. Er erinnerte sich erneut an die Weissagung des Alten, als er noch ein kleiner Junge war. Tja, dachte er, es ist doch anders gekommen.

Das kurze Unwohlsein ließ allmählich nach. Er holte nochmals tief Luft und sah erneut in die Runde. Wieder wollte er die Gefühle der Umstehenden erfassen, bevor er sich für eine Geschichte entschied.

Da sah er plötzlich den alten weisen Mann neben sich hocken. Er hatte es nicht wahrgenommen, wie dieser sich ihm genähert hatte. Er schien sich kaum verändert zu haben und war nur wenig gealtert. Und wie einen alten Bekannten grüßte der Weise ihn. »Und, wie geht es dir heute?«, fragte ihn dieser, hielt dabei den Kopf schief und lauschte auf die Antwort des Märchenerzählers.

»Oh, ich habe oft an deine Weissagung gedacht. Aber du siehst ja selbst, sie ist nicht eingetroffen«, äußerte er missmutiger, als er eigentlich gewollt hatte. »Nun ist mein Leben bald beendet, aber deine Vorhersage war völlig falsch«, beendete er den Satz. »Ich bin dir nicht böse, nein. Ein erfülltes Leben hatte ich. Und auch Spaß daran. Außerdem konnte ich mich durch meine Geschichten und Märchen recht gut ernähren. Habe eine liebevolle Ehefrau an meiner Seite und wohl geratene Kinder. Was will ich mehr? Aber deine Vorhersage war einfach nicht richtig«.

Damit beugte er sich wieder zurück.

Der Weise indessen lachte, hielt ihn am Arm fest. Er freute sich so sehr, dass der Märchenerzähler schon fast ungehalten wurde.

»Was gibt es denn da zu lachen? Hast du mir nicht zugehört?«, meinte er vorwurfsvoll.

Der Weise wischte sich die Tränen, die ihm vor lauter Lachen über das Gesicht rannen, mit beiden Händen weg.

»Ich lache nicht über dich, nein, ich freue mich mit dir«, rief er laut aus. »Ja, weißt du denn nicht, dass du ein ganz großer Heiler geworden bist?«

Er war dabei näher gerückt und saß ihm nun gegenüber.

»Wirklich«, sprach er ganz ernst zu ihm. »Du hast mit deinen Märchen mehr Menschen geheilt als so mancher Doktor!«

Auf dem Platz war es inzwischen still geworden. Alle lauschten diesem fremden Mann, der so eindringlich und trotzdem warmherzig mit ihrem Märchenerzähler sprach.

»Du hast mit jedem einzelnen Tag den Menschen sehr geholfen. Du hast ihren Seelen beigestanden«, bedeutete er ihm nachdrücklich. »Du hast ihr Innerstes berührt. Ihre mitunter starren Seelen hast du wieder lebendig gemacht; gelockert und zum Schwingen gebracht«.

Dem Märchenerzähler wurde jetzt bewusst, wie sehr der Mann vor ihm Recht hatte. Auch er fühlte sich ganz stark angesprochen durch die Worte des Gegenübers.

Innerlich spürte er nun, was er den anderen Menschen in den Jahren mitgegeben hatte. Freude erfüllte ihn. Eine ganz besondere Wärme strahlte nun von seinem eigenen Herzen aus, die sich über den ganzen Körper ausbreitete.

Ein starkes Glücksgefühl machte sich in seinem Inneren breit. Eine Freude kam, die er noch nie so gespürt hatte. Wunderbar, einfach wunderschön empfand er dies. Und so etwas hatte er täglich mit seinen Erzählungen und Worten bei seinen Mitmenschen ausgelöst? Wie herrlich. Zu der Freude kam nun noch unendliche Dankbarkeit hinzu.

»Die Prophezeiung ist also doch eingetroffen«, murmelte er vor sich hin. Er wollte dem Weisen danken, doch dieser war, von ihm unbemerkt, bereits wieder gegangen.

Zurück ließ er einen Märchenerzähler, der noch einige Monate lebte, diese aber noch glücklicher verbrachte, als er eh schon war.

Die Weissagung hatte sich also erfüllt. Freudig nahm er die Erkenntnis an und verinnerlichte diese, wie wichtig die richtigen Worte sind.

Der starrsinnige König und die kluge Amme

Diese Geschichte handelt von einer klugen Amme – oder doch eher von einer klugen Prinzessin? Aber gut, fangen wir von vorne an.

Es gab da ein Königreich, gar nicht so weit weg von unserem Land. Es war ein friedliches Land mit einem gerechten, noch jungen König. Und einer liebevollen Königin, die auch sehr klug war. Sie war so klug, dass sie dies ihren Ehemann nicht merken ließ. Wenn er ihr etwas erklärte, schaute sie ihn ehrfurchtsvoll an und das war nicht einmal gespielt, denn sie liebte ihren Mann wirklich sehr.

Der König führte sein Land gut und die Bewohner liebten ihn dafür. Aufstände und Kriege sollte es in seiner Regentenzeit nicht geben, denn Krisen und Probleme ging er sofort an und löste diese meist in Ruhe, zur Zufriedenheit aller.

Nur eine Sache, die wollte nicht so Recht gelingen. Das Königspaar wünschte sich so sehr Kinder oder wenigstens doch einen Stammhalter, damit die Monarchie weitergeführt werden könnte. Doch das blieb ihnen versagt.

Als sie bereits jede Hoffnung aufgeben wollten, da wurde die Königin schwanger. Oh, was war die Freude groß am Hof. Auch alle Untertanen atmeten auf, als sie diese frohe Nachricht hörten. Sie freuten sich aufrichtig mit dem Paar.

Gleichzeitig begann die Suche nach einer guten Amme. Im ganzen Land wurde die frohe Kunde der Schwangerschaft ausgerufen und gleichzeitig der Wunsch, es mögen sich geeignete Frauen im Schloss als Betreuerin und Amme vorstellen.

Und so geschah es auch.

Viele Damen, Mägde, Frauen und Mädchen erschienen. Doch meist wollten diese eher am Hof wohnen, als sich um ein kleines Kind zu kümmern. Einige Küchenmädchen des Hofes, die sich – im Auftrag der Königin – unter diese Schar gemischt hatten, hörten Sprüche wie »Die Erziehung des Balges kriegen wir schon irgendwie hin« oder »mit Schlafmohn kriege ich es zur Ruhe, dann kann ich mein Leben hier genießen«.

So wussten viele der Bewerberinnen gar nicht, warum sie abgelehnt wurden, und zogen missmutig wieder von dannen. Aber das Königspaar war froh über ihr Wissen und konnte so den Kreis der Auserwählten, die in die engere Wahl kamen, klein halten.

Und – obwohl viele erfahrene Ammen dabei waren – fiel die Wahl der werdenden Eltern doch auf eine junge Frau, die vom anderen Ende des Reiches gekommen war. Warum sie dies taten, konnten sie später gar nicht mehr begründen. Es war wohl eine »Bauchentscheidung«. Und wie immer bei diesem Weg stellte sich dies, natürlich erst viel später, als die beste Wahl ihres Lebens heraus.

Und dann kamen die Wehen und das Kind wurde geboren. Es war ein gesundes und quicklebendiges Kind – ein Mädchen. Das Königspaar war überglücklich, nun ein Kind zu haben. Doch im Inneren des Vaters meldete sich eine Stimme, die immer bohrender werden würde. Ein Mädchen. Er liebte sie unendlich, keine Frage, aber es war nicht der erhoffte Stammhalter. Wie sollte hier die Erbfolge gesichert sein?

Indes wuchs Isabelle, so nannten sie die Kleine, liebevoll umsorgt auf. Das Kind war von Beginn an aufgeweckt und irrsinnig neugierig. Neugierig auf das ganze Leben und alles, was es bereit hielt. Alles wurde in die Hand genommen, genau begutachtet und untersucht. Es gab nichts, was vor der Kleinen sicher gewesen wäre. Die Amme hatte diese Neigungen, die sie nach Kräften unterstützte, längst bemerkt. Auch der Mutter war dieses Interesse nicht verborgen geblieben und auch sie förderte dies.

Der König bemerkte dies auch, allerdings zog er ganz andere Schlüsse daraus. Er liebte seine Tochter, keine Frage. Aber gerade deshalb verkündete er, dass Isabelle zwar durchaus gefördert werden sollte, aber doch bitte nur in den Fächern, die einer Frau geziemten.

Sollte sie gut rechnen können, in Ordnung. Aber ansonsten sollte sie Fertigkeiten wie Sticken, Nähen und von ihm aus noch Kochen erlernen. Dann sei es aber auch gut. Er ließ sich hier kaum auf weitere Zugeständnisse ein.

Selbst die kleine Isabelle, die ihn sonst um den Finger wickeln konnte, erreichte hier wenig. Ein letztes Zugeständnis gab es zum sechsten Geburtstag: Nun durfte sie wenigstens reiten lernen.

Aber, wie schon vorher erwähnt, waren die Mutter und die Amme intelligente Frauen. Sie konnten sich zwar öffentlich nicht gegen die Anweisungen des Königs wenden, aber es gab dann doch den einen oder anderen Trick, der sehr gut zu funktionieren schien.

Beispielsweise hatte die Amme sich angewöhnt »Selbstgespräche« zu führen. Natürlich nur in Gegenwart von Isabelle. So unterhielt sich also die Amme mit sich selbst über die Geschichte des Landes, über Bücher, über Gedichte und wichtige Persönlichkeiten der Zeit. Und so kam es, dass das Kind auf diese Weise doch viel Wissen erlangte. Und auch Isabelle hatte schnell bemerkt, dass sie damit nicht zum Vater zu kommen brauchte, sondern dieses Wissen lieber für sich behalten sollte, wollte sie Ärger vermeiden.

Hinzu kam noch ein *ganz* besonderer Umstand. In dem Schloss gab es einige Geheimgänge. Die waren einmal angelegt worden, damit der König unbemerkt von seinen Ministern hinter den Räumen zuhören konnte, was diese so besprachen, wenn er nicht im Raum war. Er machte jedoch immer weniger Gebrauch davon, weil er wirklich von guten Beratern umgeben war, die ihm sehr ergeben waren und ihn nicht hintergehen würden.

Aber genau dies gereichte nunmehr Isabelle zum Vorteil. Offiziell durfte sie davon natürlich nichts wissen. Aber die Amme war doch gewitzt und hatte einen Plan.

So vergewisserte sie sich einmal, dass Isabelle sie beobachtete. Dann tat sie so, als hätte sie dies gar nicht bemerkt. Sie drehte sich um, als ob sie sicher sein wollte, dass sie alleine war. Dann verschob sie eine Figur auf dem Kaminsims, öffnete damit eine Geheimtür und verschwand dahinter.

Flink bewegte sie sich durch den hinterwändigen Flur und kam in einem anderen Zimmer wieder zum Vorschein. Sie konnte sicher sein, dass Isabelle dies auch finden würde. Dieser Flur war nämlich nicht stockdunkel, wie man vermuten würde, sondern es herrschte Dämmerlicht. Die Bilder, die an der Wand der Zimmer angebracht waren, hatten winzige kleine Löcher. Zum Beispiel bei den Augen oder in der Bildmitte. Selbst wenn man direkt vor den Bildern stand, konnte man dies kaum bemerken. So konnte man in dem Geheimgang gut in die Zimmer sehen, ohne selbst gesehen zu werden.

Und kleine Luftlöcher in der Wand ließen zudem die Luft zirkulieren, auch die Akustik war hervorragend – und Gespräche somit im Versteck bestens zu verstehen.

Die Ausgänge der Geheimgänge wiederum hatten von innen kleine Riegel, die man problemlos verschieben konnte, um so wieder in ein beliebiges Zimmer zu gelangen. Man musste sich nur vorher vergewissern, dass niemand in dem betreffenden Raum war.

Und auch diese Eingänge waren im Zimmer gut verborgen, meist mit einer Bücherwand. Auf diese Weise zeigte die Amme ihrem Schützling verschiedene Winkel im Schloss. Und Isabelle genoss es auf diese Weise, ihr Wissen zu vergrößern.

Wenn also die Berater wieder in ihren großen Gruppen zusammensaßen und ihre Erkenntnisse teilten oder auch darüber diskutierten, was oft vorkam, so konnte sie das alles verfolgen. Es dauerte nicht lange, so wuchs sie mit dem Wissen über Schlachten und Politik auf. Sie konnte bald besser mit Zahlen umgehen als ihr Vater. Und sie war außerdem informiert über Astronomie und Astrologie.

Zudem hatte sie einige Lehrer, die sie auf diesen Gebieten weiter förderten. Ihnen blieb das viele Wissen ihrer Schülerin dann doch nicht lange verborgen.

Und trotz alle dem wurde sie nicht altklug. Sie entwickelte sich zu einem jungen Mädchen, an dem alle ihre Freude hatten. Einschließlich des stolzen Vaters.

Und dann plötzlich gab es wieder ein besonderes Ereignis. Die Königin wurde erneut schwanger und gebar einen

Sohn. Wie war die Freude groß am Hof und im ganzen Land! Endlich war der ersehnte Thronfolger geboren.

Der König stolzierte mit breiter Brust durch das Schloss, dass es eine Pracht war, ihm zuzusehen. Ein Pfau hätte sich nicht besser präsentieren können.

Nun würde er, der König, seinem Sohn alles beibringen, was er selbst an Wissen hatte. Isabelle freute sich ebenfalls riesig über ihr Geschwisterchen. Und weil sie so einen guten Charakter hatte, war sie auch in keinster Form eifersüchtig. Nein, sie jubelte mit ihren Eltern über den Nachwuchs und kümmerte sich hingebungsvoll um ihren kleinen Bruder.

So bemerkte sie, übrigens eher als der Vater, dass dieses Kind sehr sensibel war. Schon im kleinsten Alter wollte er nicht mit Pfeil und Bogen umgehen, keine Ritterspiele spielen, oder mit dem typischen Jungenspielzeug, welches der Vater so mit Bedacht ausgesucht hatte. Nein, er wollte nicht Krieg spielen, sondern liebte eher die leisen Töne. Er wollte mit der Amme singen und kuscheln.

Auch die Mutter Königin hatte dies schnell bemerkt und ihr war sofort klar, dass das noch einige Unbill mit sich bringen würde.

Der kleine Junge hingegen wuchs sehr behütet auf. Die Bitten des Vaters, den Sohn mehr in die Männerwelt einzubinden, konnten sie leider nicht so recht erfüllen.

So lieb der Sohn auch war, gegen diese Art der Erziehung weigerte er sich erfolgreich. Keine Lehrer konnten ihm das aufzwingen, noch gehorchte er dem Vater in dieser Richtung.

Der so heiß ersehnte Thronfolger wurde also immer trotziger dem Vater gegenüber. So kam es immer mehr zum

Streit. Auch die Mutter konnte bald hier nicht mehr vermitteln. Die Gegensätze kamen in den Jahren immer mehr zu Tage. Und so gab es immer mehr Unstimmigkeiten am Hof.

Die Atmosphäre im Schloss und somit im ganzen Land wurde mit der Zeit immer schlechter.

Ein schlecht gelaunter König ließ nun oft mal Ungerechtigkeiten zu und seine so bekannte Kompromissbereitschaft verließ ihn nach und nach vollends.

Es waren keine schöne Zeiten mehr.

Es gab keine Feste mehr und Freudlosigkeit machte sich breit.

Alle am Hof waren angespannt und jeden Moment konnten eine Kleinigkeit und ein falsches Wort zum großen Streit führen.

Mittlerweile war der König älter und leider immer bissiger geworden. Seine Frau herrschte er oft an. Diese hatte sein Verhalten bisher immer mit Fassung getragen, jetzt allerdings musste etwas geschehen – und zwar etwas Grundlegendes! Und vor allen Dingen, etwas zum Besseren und Guten hin.

Nikolaus, der Sohn, war bereit, um des lieben Friedens willen, das Schloss und die Heimat zu verlassen.

Aber das wollten weder die Königin noch seine Schwester zulassen. Es musste doch einen anderen, glücklicheren Weg geben.

Die Amme, die ja bereits Isabelle betreut hatte, wohnte immer noch im Schloss und hatte dann nach vielen schlaflosen Nächten die rettende Idee. Gefährlich sicher, aber was konnte schon noch passieren? Es war doch ohnehin alles verfahren und alle waren unglücklich.

Sie besprachen den Plan mit Isabelle und Nikolaus. Denen entfuhr erst mal ein Schreckensschrei und die Luft blieb ihnen weg. Aber dieser Plan hatte etwas für sich.

Sie überlegten gemeinsam, wie sie das Unternehmen genau angehen wollten. Dann weihten sie die Königin ein. Sie sollte und musste schon damit einverstanden sein. Vor allen Dingen, weil es mit der Gesundheit des Königs nicht mehr gut stand. Aber genau dies war ja auch der Grund für diese Planung.

In Kürze würde es keinen König mehr geben, er würde bald sterben. Dann sollte er wenigstens in Frieden gehen können und sein Land in sicherer Hand wissen. Und so geschah es!

An dem bewussten Tag, den sie alle gemeinsam ausgesucht hatten – sie hatten vorher den Astrologen nach einem günstigen Datum befragt – setzten sich Isabelle und Nikolaus in die große Bibliothek.

Hier begannen sie ein Streitgespräch, absichtlich natürlich, über die Führung ihres Volkes. Dass hier Isabelle mit ihren Argumenten und Entscheidungen bedeutend besser dastand als ihr Bruder, war von vornherein klar. Das immense Wissen von Isabelle kam hier ernorm zur Geltung.

Was sie arrangiert hatten und natürlich nicht bemerken durften, war, dass der König diesem Gespräch von einem der Geheimgänge aus zuhörte.

Unter dem Vorwand, der König müsse *unbedingt* einen diese Gänge kontrollieren, hatte ein treuer Diener ihn in diesen einen Gang gebracht.

Und als das Gespräch der beiden Kinder begann, war der Bedienstete ganz leise geworden und hatte so die Neugier des Herrschers geweckt.

Dieses Unterfangen hatte also wirklich geklappt. Der Vater gab sich im Geheimgang nicht zu erkennen und lauschte aufmerksam, was seine Kinder dort besprachen.

Er konnte sich den äußerst brillanten Schlussfolgerungen seiner Tochter nicht entziehen.

Er lauschte und war trotzdem fassungslos. Bleich wurde er, dass der Diener schon alles abbrechen wollte, weil er sich um die Gesundheit des Herrn sorgte. Aber dieser winkte nur ab und gab das Zeichen, ihn weiter zuhören zu lassen.

Fast wurde es dem Diener unheimlich. Aber er fügte sich den Wünschen seines Königs.

Der Herrscher blieb während des ganzen Gespräches unsichtbar in diesem Geheimgang verborgen. Er zitterte zwar, aber es war eine besondere Art, wie er den Kindern lauschte. Ihm war nun völlig klar, dass sein Sohn, der Thronfolger, nie in seine Fußstapfen treten konnte. Und dies vor allen Dingen auch nicht wollte. Die Liebe seines Sohnes galt eher der Zucht und Aufzucht der rassigen Pferde, die es hier am Hofe gab. Und er war empört darüber, dass seine Tochter so gar nicht das weibliche, weiche Ding war, dass er so bevorzugt hatte. Jahrelang hatte man ihn hintergangen, das war ihm nun klar. In Bruchteilen von Sekunden war ihm das ganze Ausmaß klar geworden. Hatte er früher noch gedacht, seine Tochter sei fügsam? Das konnte er alles begraben.

Und er hatte doch keine Zeit mehr. Er würde das Land in neue Hände geben müssen. Das war ihm klar.

Sein vorher bleiches Gesicht war nun zornesrot. Als seine Kinder den Raum verlassen hatten, bedeutete er seinem

Diener, er wollte jetzt ebenfalls gehen und man möge ihn zurückbringen in sein Schlafgemach.

Nun war es an dem Diener, zu zittern. Das war wohl nicht gut gegangen, dachte er besorgt. War es durch den Plan der Amme gelungen, alles schlimmer zu machen? Der König gebot dem Diener, ihn alleine zu lassen. Mit ausgesprochen schlechtem Gewissen schlich dieser zu den Kindern, der Königin und der Amme.

Das Scheitern des Planes war nun gewiss und alle hatten schreckliche Angst vor den nächsten Stunden. Was würde nun geschehen? Würde der Vater sie zur Rechenschaft ziehen? Sie vielleicht gar alle aus dem Lande jagen?

Drei Tage vergingen. Drei schreckliche Tage, in denen sich alle ganz geduckt und leise im Schloss bewegten. Keiner traute sich, etwas zu sagen. Gedrückte Stimmung überall. Denn der Vorfall hatte sich natürlich im Schloss herumgesprochen. So eine Tat bleibt naturgemäß nicht unbemerkt vor dem Gesinde. Drei ganze Tage, in denen der König kein Wort zu irgendjemandem sprach! Ganz schrecklich war das. Keine Unterhaltung mit der Gattin, kein Wort an seine Kinder. Furchtbar war dies für alle.

Und dann plötzlich geschah es. Der König hatte sich besonders gekleidet und alle in den Thronsaal bestellt. Dort saß er nun und sah auf seine Gefolgschaft und auf seine Kinder und auf seine Frau. Langsam ließ er den Blick von einem zu anderen wandern. Sein Gesicht war maskengleich. Keine Regung in den Gesichtsmuskeln war zu erkennen. Die Augen verrieten nichts.

Endlos erscheinende Minuten dauerte dies. Die Kindern verließ aller Mut und der Königin wurden die Knie weich. Die Luft war zum Schneiden und Angst machte sich breit.

Schon straffte sich der Sohn, um alle Schuld auf sich zu nehmen, und er hoffte, noch lebend das Schloss verlassen zu dürfen.

Auch Isabelle wollte gerade zum Sprechen ansetzen, als der König sich räusperte und sie strafend ansah. Schließlich hatte *er* das Sagen und nur er durfte beginnen.

Schließlich begann er, das Wort an seine Familie zu richten.

»Jahrelang habt ihr mich hintergangen. Ihr habt meinen Wünschen nicht entsprochen!«, rief er aus.

Alles duckte sich noch mehr, als es bereits der Fall war. Sie schwiegen und senkten den Blick.

»Guckt mich gefälligst an, wenn ich mit euch rede. Ihr seid immerhin meine Familie«, zischte er wütend. »Das hätte ich von euch nicht erwartet. Ihr seid mir so nah wie niemand sonst. Wie konntet ihr es wagen? Mich so zu hintergehen.« Er sah dabei in die Runde. »Nein, antwortet nicht. Ich weiß es inzwischen genau. Hatte ich nicht ausdrücklich gewünscht, dass Isabelle als Frau erzogen wird? So wie sie ist, kann ich sie mit niemanden verheiraten. Wer nimmt denn eine Frau, die alles besser weiß?« Bei diesen Worten hatte er sich vom Thron nach vorne gebeugt. »Und du, Sohn! Dir wollte ich mein Reich anvertrauen. Doch was machst du? Lieber hängst du im Stall herum und kümmerst dich um die Pferde. Dafür haben wir unsere Stallburschen. Du aber bist ein Königssohn«. Dabei zeigte er mit dem Finger auf Nikolaus.

Die Königin konnte sich nicht mehr zurückhalten. Sie liebte doch beide Kinder so sehr und hob gerade an, ihrem Gatten zu widersprechen. Da drehte sich der König jedoch bereits um und schaute sie fest an. »Und du bist die

Schlimmste«, entfuhr es ihm. »Dir, meiner Gefährtin und Mutter dieser Kinder, habe ich vertraut! Und so dankst du es mir?«

Sie stöhnte bei diesen Worten und sank in sich zusammen. Sie hatte jedoch gar keine Zeit, um Worte dafür zu finden, denn da redete er, nein bellte fast weiter. »So, ihr Pack«, rief er aus. »Drei Tage hatte ich Zeit, um mir darüber klar zu werden, wie ich mit euch verfahren werde. Ich werde euch jetzt meine Entscheidung mitteilen.« Dabei verfinsterte sich sein Gesicht noch mehr.

Er ließ sich zurücksinken und schwieg für einen Moment. Dann plötzlich rutschte er nach vorne auf dem Thron und klatschte in die Hände.

Alles fuhr erschrocken zusammen. Die Königin zitterte am ganzen Leib und Isabelle hatte Tränen in den Augen. Nikolaus hatte hingegen erschreckt die Augen aufgerissen und sah seinen Vater erstaunt an. Was passierte denn jetzt?

Die ganze Angespannthcit des Königs war wie weggeblasen. Er klatschte nochmals – wie zur Bestätigung – in die Hände. Und dann fing er an zu lachen. Er lachte, bis er Tränen in den Augen hatte. Er lachte so laut und so ansteckend, dass alle im Saal ebenfalls lachten.

Er hielt sich den Bauch und konnte fast nicht mehr aufhören.

»Ihr seid so ungeheuerlich«, sagte er. Und klopfte sich dabei auf die Schenkel. »Zuerst war ich wirklich böse auf euch! Wie konntet ihr es nur wagen, euch mir und meinen Wünschen zu widersetzen? Aber ich habe diese letzten Tage wirklich genutzt, über alles nachzudenken. Ihr hattet Recht. Ihr hattet eher als ich gesehen, wer von euch welche Fähigkeiten hat, und diese gefördert. Ich gebe es nicht gerne zu, das kann ich euch sagen. Und ihr werdet auch noch dafür bluten, da lasse ich mir etwas einfallen.

Nikolaus: du bekommst den Befehl, dieses Schloss sofort zu verlassen.«

Eben war alles so ausgelassen, nun wurde es wieder mucksmäuschenstill im Raum.

Doch lange konnte der König nun nicht mehr ernst sein. »Du, Nikolaus, wirst ein Jahr lang im Nachbarkönigreich an einem bekannten Gestüt lernen. Dein Pferd ist bereits gesattelt.

Und du, Isabelle, wirst …« Alle hielten den Atem an. »Du wirst in den nächsten Monaten Unterricht in Staatsführung und so weiter bekommen. Immerhin wird die nächste Königin – und das wirst du dann werden – gut unterrichtet die Thronfolge antreten.«

Man hörte ein allgemeines tiefes Ausatmen. Die Spannung wurde wieder erträglich. Bis zu dem Moment, als er seine Gattin ansah.

»Aber DU, liebe Gattin, mit dir werde ich ernsthaft reden müssen. Denn DU musst mir nun erklären, wie du es geschafft hast, dies alles so meisterlich zu organisieren.«

Damit lächelte er nun seine Frau an und ließ sich erneut entspannt zurückfallen. »Nun endlich kann ich mein Land und Reich in gute Hände geben. Ich kann unbesorgt meine letzten Tage hier verbringen und alt werden. Ich danke euch für dieses Lehrstück. Ihr habt alle das Richtige getan.«

Dabei ging sein Blick in Richtung der Amme, die noch immer ziemlich versteinert im Thronsaal stand. »Ich vergebe und verzeihe dir«, sprach er aus. »Du hast meine Kinder besser erkannt und gefördert, als ich es als Vater getan habe«, fügte er noch hinzu. »Zwar muss ich auch dir eine Strafe zukommen lassen, aber ich bin mir sicher, dass du diese klaglos hinnehmen wirst. Begleite meinen Sohn – und kümmere dich dann nach deiner Rückkehr wieder weiter um Isabelle«. Damit nickte er. »Ich habe in den letzten drei Tagen mehr gelernt als in den letzten drei Jahren.«

Und wenn sie nicht ...

Die Fee Sternenstaub und ihr Zauberstab

Erinnert ihr euch noch, als wir Menschen mit den Feen und Elfen noch ganz normal kommunizierten?

Hier zur Erinnerung eine kleine Geschichte. Die Erzählung von der Fee mit dem besonderen Zauberstab.

Jede Fee hat natürlich ihren eigenen Zauberstab. Das ist doch ganz klar, nicht wahr? Einen eigenen Stab, der nur ihr allein gehört.

Jeder ist aus einem besonderen Holz gearbeitet, so sieht es der Familien-Clan der Feen seit Jahrtausenden vor. Und jedes Holz hat auch eine bestimmte Bedeutung, das ist doch logisch.

Also: Manche Familien bevorzugten für ihren Stab *Zedernholz*, andere nutzen die *Esche* für die Herstellung. Das hat nichts mit der Wertigkeit des Holzes zu tun, nein. Es hat damit zu tun, was der *Geist* des Baumes zu sagen hat.

Jedes Material hat eine besondere Art – *Ulmenholz* ist naturgemäß anders als das Material der *Haselnuss*.

Und früher wusste man einfach noch mehr über die Hintergründe, nämlich welcher Geist aus welchem Baum spricht.

Erinnert ihr euch noch?

Der Geist vom *Birkenholz* spricht über das »*Loslassen*«, hier wird man unterstützt, den Willen anderer zu akzeptieren. Dadurch gewinnt der Nutzer an Größe und kann damit sich – und andere – befreien.

Und die *Eiche* trägt die Überschrift der »*Erleuchtung*«, schön, nicht wahr?

Hier entwickelt sich eine Sehnsucht nach Ruhe. Und durch den passiven Zustand der Stille entwickelt sich eine sogenannte Dynamik der Ruhe, die Neues gebären wird, wenn die Zeit dafür kommt. So spricht der Geist der Eiche.

Der *Haselnussbaum bzw. -Strauch* hingegen trägt den Namen »*Dankbarkeit*«. Dieser Geist zeigt und erkennt, dass Probleme Chancen sind und verwandelt zum Beispiel Geiz in Ehrgeiz. Und lehrt dadurch wieder zu Geben und besonders denen, die das Herz für die Liebe offen haben.

So hat also jeder Zauberstab seine eigene Art. Zaubern kann man mit ihnen allen, na klar.

Auch sonst ist jeder Zauberstab individuell. Die Länge und die Dicke variierten natürlich auch. Und jeder ist nach der Tradition der Familie auch mit den verschiedensten Schnitzereien verziert. Kein Stab gleicht dem anderen. Und gehorcht natürlich auch nur dem Eigentümer – na gut, manchmal noch den engsten Familienangehörigen. Aber das sind Ausnahmen.

Damit sind wir schon bei den Eigentümern – den Feen.

Ein ungeschriebenes Gesetz ist ja, dass zur Geburt des Kindes der fertige Zauberstab dem Kinde überreicht wird – natürlich in die Wiege gelegt wird.

Daher auch der Spruch, den wir noch heute kennen: »Das ist dir in die Wiege gelegt worden«. Ja, dieser Satz stammt noch aus dieser herrlichen alten Zeit.

Und dieser Stab gehört der Fee dann ein ganzes Leben lang.

Das ist spannend, nicht wahr?

Und so hören wir hier die Geschichte der …

Fee ***Florie Sternenstaub.***

Alles fing an wie immer.

Das Klan-Oberhaupt der Familie Sternenwind, die Fee Leandra, erfährt, dass ihre Tochter schwanger ist und bald ein Kind bekommen wird. Und da sie Kirmama Traumwölkchen sehr liebt, freut sie sich sehr darüber.

Und so nimmt alles seinen Anfang.

Uralte Rituale werden zu Rate gezogen um herauszufinden, was für ein Kind demnächst geboren werden wird. Welche Seelen- und Charakterzüge wird dieses Kind haben und wo braucht es Unterstützung in ihren oder seinen Lebensaufgaben?

Denn die Feen wussten noch sehr genau, dass sie geboren werden und eine Lebensaufgabe haben werden. Das haben viele aus unserer »Jetzt-Zeit« schon vergessen.

Gut, aber die Feen wussten dies noch und würden dies bei der Bearbeitung des Zauberstabes mit berücksichtigen.

Auch die Geister der Bäume wurden befragt und um Hilfe gebeten. Und diese gaben gerne ihr Wissen weiter und waren dankbar, helfen zu dürfen. Gerne gaben sie ihre Kraft an die Feen weiter.

Doch wieder zurück zur Fee Leandra, einer sehr fähigen und alten weisen Fee. Sie freute sich sehr, dass ihr diese Aufgabe zugefallen war. Die Aufgabe, den richtigen Zauberstab für ihr Enkelkind herzustellen.

Es galt also zuerst herauszufinden, ob es ein Mädchen oder ein Junge werden würde. Dies schon vor der Geburt zu wissen, fiel ihr nicht schwer. Es gab ja die uralten Weisheiten und Rituale und schon nach kurzer Zeit wusste sie, es wird ein Mädchen, eine kleine weibliche Fee sein, die demnächst hier in diesen Clan hineingeboren wird.

Dann zog sich die Fee und künftige Oma Leandra für eine lange Zeit in ihr Haus zurück. Denn nun galt es das richtige Material für den Zauberstab zu finden. Auch hier halfen ihr die alten Überlieferungen der Vorfahren. Und diese waren sehr zeitintensiv. Da durften keine Fehler passieren, zu wichtig war der richtige Zauberstab! Auch gab es hier nur richtungsweisende Ideen, die genaue Bestimmung des Stabes bedurfte sehr viel Intuition und barg viel Mühe in sich.

Viele Tage also sprach die Fee Leandra mit den Bäumen. Danach wusste sie, was sie zu tun hatte.

Sie hatte den Geist vieler Bäume zu Rate gezogen. Mit vielen Sträuchern hatte sie überlegt und zum Schluss lange mit dem *Mandelbaum* gesprochen, dessen große Überschrift »Spenden« lautet.

Der Geist des Mandelbaumes hatte ihr folgendes erklärt: »Im Zustand des Lichtes kann ich helfen, Frieden statt Trauer zu stiften. So kann auch Frieden in das Herz einkehren – man lernt z.B. aus eigenen Fehlern. Außerdem ist mein Holz dafür bekannt, den Heiler in sich selbst zu wecken. Gerne stelle ich mein Holz deinem Familien-Clan und der kommenden Fee zur Verfügung. Du darfst gerne Holz von mir nehmen und einen neuen Zauberstab daraus schnitzen.«

Leandra war glücklich über dieses Entgegenkommen. Das passte gut für ihre künftige Enkelin. Sie verneigte sich vor dem Baum, nahm das Holz und bedankte sich.

Sie war zufrieden. Das Grundmaterial für den Zauberstab stand nun fest.

Aber ihre Intuition sagte ihr, es fühlte sich noch nicht »rund« an. Irgendetwas fehlte noch. Sie hatte schon eine Idee und so ging sie zum *Walnussbaum*

»Lieber Walnussbaum, sei gegrüßt. Ich ehre dich«, begrüßte sie den Baum. Und fuhr dann fort: »Du weißt um meinen Auftrag, einen Zauberstab für meine künftige Enkelin zu arbeiten. Der Mandelbaum hat mir seine Hilfe schon zugesagt. Was meinst du? Könntest du noch etwas – und wenn ja was – hier beisteuern?«

Der Walnussbaum freute sich über diese Anfrage sehr. Er raschelte mit seinen Ästen und winkte mit den Zweigen. Dann sagte er zur Fee: »Gerne helfe ich dem zukünftigen Nachwuchs. Ich bin der Baum mit der *Großzügigkei*t. Wenn das zukünftige Kind im Lichte wandelt, so helfe ich bei der Kultivierung von Geduld und Dankbarkeit. Gerne stehe ich dir zur Verfügung, nimm dir, so viel zu dazu brauchst«.

Und damit hatte er einen seiner schönsten Äste zu Leandra herabgeneigt.

Leandra war glücklich und bedankte sich auch hier bei dem Baum. Mit diesen zwei Sorten des Holzes sollte ihr ein guter – nein sogar sehr guter – Zauberstab gelingen.

Auch dies würde noch einige Zeit in Anspruch nehmen. Die beiden Hölzer im richtigen Verhältnis miteinander zu verbinden. Außerdem würde sie während der ganzen Arbeit ihre Gedanken und Wünsche nur auf das kommende Kind konzentrieren. Sie suchte sich besondere Lieder dafür aus und ging konzentriert an die lange Arbeit.

Ist das nicht einfach wunderbar? Dass dieses neue Feen-Kind bereits lange vor der Geburt so mit vielen guten Gedanken und Wünschen bedacht wird?

Und so fertigte Leandra den Stab an. Er sollte von mittlerer Größe werden und gut in der Hand liegen. Die Spitze nicht zu spitz, leicht abgerundet sollte sie werden und von allen Seiten verzierte Leandra den Zauberstab wundervoll.

Die Schnitzereien waren zuerst einmal die Sterne. Dies war zwingend vorgesehen, das musste sein. Immerhin gehörten sie zum Familienclan dazu.

Aber außerdem gab es auch noch einige magische Zeichen, das war auch ganz wichtig. Auch das gehörte unbedingt auf einen Zauberstab.

Da sich die Mutter und der Vater bereits auf einen Namen geeinigt hatten, nämlich Sternenstaub, hatte die Großmutter diesen Namen als Initialen ebenfalls in den Stab eingefügt.

Leandra gab sich wirklich die größte Mühe beim Fertigen dieses Stabes.

Sie hatte inzwischen auch das Verhältnis der beiden zu verwendenden Hölzer herausgefunden. Er sollte aus 70 % des Mandelbaumes bestehen und sie hatte 28 % des Walnussbaumes verwandt.

Wer jetzt mitgerechnet hat, kommt auf 98 %, nicht wahr?

Das war auch so eine Besonderheit. Sie hatte es nicht für möglich gehalten, aber sie hatte gedacht, sie hätte die perfekte Zusammenstellung für den Zauberstab gefunden. Bis sie dann in einer Vollmond-Nacht einen Traum hatte.

So wurde sie darin von ihren Ahnen gebeten, noch ein kleines Stück des Ahorns dazuzunehmen.

Denn der Ahorn hilft mit seinem Geiste, die Aufgaben im Leben zu finden.

Die Fee Leandra war dankbar für diesen Traum. Das war also die Antwort auf ihre Fragen gewesen. Nun war alles perfekt. Und natürlich setzte sie diesen Rat der Vorfahren in die Tat um. Das war doch selbstverständlich.

Wie bereits gesagt, diese Arbeit war sehr zeitintensiv, Leandra hatte sich aber auch bei der Bearbeitung Zeit gelassen.

Eines Abends war es also so weit. Ihre Tochter lag in den Wehen und das Feen-Kind würde geboren werden.

Die Fee Leandra saß in ihrer Hütte und holte den fertigen Zauberstab hervor. Sie wollte ihn nochmals betrachten, bevor er ein Leben lang ihrer Enkelin zur Verfügung stehen würde. Leandra setzte sich nah an das Feuer, weil es doch schon ziemlich kühl geworden war.

Und da passierte es. Wie das geschah, daran konnte sie sich im Nachhinein nicht mehr erinnern. Nur, dass plötzlich der Zauberstab im Feuer lag.

Sie meinte, sie hätte sofort reagiert und den Zauberstab aus dem Feuer geholt. Aber als sie ihn in den Händen hielt, sah sie, oh Schreck, dass das gute Stück doch ein bisschen angekohlt war.

Sie zitterte am ganzen Leib. Wie hatte das nur geschehen können? Warum war sie so unaufmerksam gewesen? Oder was war hier im Spiel gewesen?

Leandra drückte den Zauberstab an sich. Er war noch warm von dem Feuer. Was sollte sie nur machen? Würde er überhaupt noch funktionieren? Konnte man mit ihm noch zaubern?

Sie probierte es mit einem kleinen Zaubertrick und sprach einen Zauberspruch, damit das Feuer nun endgültig ausginge. Es sah zwar erst so aus, als, ja, stotterte, ja zögerte der Stab, aber dann ging das Feuer aus.

Es schien also so, als wäre Leandra noch einmal mit dem Schrecken davongekommen.

Sie säuberte den Zauberstab so gut es ging und tatsächlich, er ließ sich gut reinigen und hatte eigentlich nur an der Spitze eine dunklere Stelle. Und selbst die sah so aus, als wäre es gewollt. Als sollte dies so sein.

Da hörte sie auch schon die Rufe aus dem Dorf – das Kind war geboren. Sie eilte zu ihrer Tochter und nun Enkeltochter und entschloss sich, kein Wort über diesen Vorfall zu verlieren. Es war doch alles noch einmal gut gegangen, meinte sie.

Und so wurde dieser Zauberstab dem Kind in die Wiege gelegt, so, wie es die Tradition vorgab. Und alle waren glücklich und nach einiger Zeit hatte Leandra selbst diesen Vorfall vergessen.

Florie Sternenstaub, die aber nur mit dem schönen Namen Sternenstaub gerufen wurde, wuchs prächtig heran.

Alle hatten große Freude an ihr. Sie war ein gesundes und aufgewecktes Kind. Alle in der Familie liebten sie. Es gab nie einen Grund zur Klage. Sicher, durch ihre unendliche Neugierde war sie oft anstrengend, aber trotzdem genossen alle Familienmitglieder das Kind.

Früh waren ihre Talente bereits zu erkennen. Sie ahmte bereits in jungen Jahren die Erwachsenen nach und es war klar, dass sie großartige Fee werden würde.

Aber vor allen Dingen verband die Großmutter Leandra und Sternenstaub ein dickes, wenn auch unsichtbares Band.

Ohne große Worte verstanden sie sich. Ein Blickkontakt genügte oft und jeder wusste vom anderen, was er dachte. Das war herrlich.

Und als es dann an der Zeit war, dass Sternenstaub den Umgang mit dem Zauberstab lernte, da bot es sich natürlich an, dass Leandra sie einweihte.

Und bei den Elfen beginnt das schon sehr früh, nämlich in der Schule. Dort werden die sogenannten einfachen Zauberstäbe täglich ausgeteilt, mit denen geübt wird. Auch das ist gute alte Tradition. Und nur für die Hausaufgaben werden dann – nach der Schule – die eigenen Zauberstäbe genutzt.

Doch damit begann das Drama für Sternenstaub. Sie war wirklich eine fleißige Schülerin. Das stand außer Frage. Sie hatte ein gutes Gedächtnis und eine richtige Naturbegabung für die Nutzung des Zauberstabes. Und in der Schule klappte auch alles richtig gut. Sie zauberte schnell und sauber und erhielt gute Noten. Aber wenn sie nach Hause kam und mit ihrem eigenen – so schönen – Zauberstab arbeitete, dann wollte es nicht so gut gelingen. Irgendetwas klappte immer nicht. Oder nur mit Verzögerung. Sie verstand das überhaupt nicht und es verließ sie der Mut. Sie hatte auch keinen richtigen Spaß mehr daran. Immer missmutiger wurde sie. Es war, als ob der Zauberstab stockte. Sie konnte es gar nicht anders ausdrücken. Und jedes Mal, wirklich jedes Mal, wenn sie zauberte, dann kamen vorne aus der Spitze Funken heraus.

Das hatte es noch nie bei einem Zauberstab gegeben.

Sternenstaub dachte natürlich, dass sie irgendetwas falsch machte beim Zaubern. Und deshalb sagte sie auch nichts zu ihren Eltern und erzählte es auch nicht den Lehrern.

Aber die Großmutter bemerkte, dass Sternenstaub immer ruhiger wurde. Auch die Freude, die zu Beginn der Zauberschule herrschte, war verflogen. Das blieb Leandra nicht verborgen.

Und so nahm sie ihr Enkelkind nach der Schule beiseite und fragte sie, was denn los sei.

Zuerst druckste Sternenstaub herum. Nein, es sei nichts, alles in Ordnung. Aber da sie dabei der Großmutter nicht in die Augen sehen konnte, bohrte die Oma doch weiter.

Und da brach es aus Sternenstaub heraus: »Ich kann nichts, absolut nichts!«, kam es verzweifelt aus dem Kind.» In der Schule klappt noch alles einigermaßen, aber zu Hause will mir nichts gelingen. Ich glaube sogar, dass ich unfähig bin.«

Die Fee Leandra drang weiter in sie: »Aber Kind, wie kommst du denn darauf? Die hast die besten Anlagen, die je in unserer Familie vertreten waren«, sagte sie und drückte die Kleine an sich.

Und erst nach vielen weiteren Fragen rückte diese dann damit heraus, dass ihr Zauberstab, wenn sie ihn benutzte, zuerst Funken sprühte, bevor der Zauber zu wirken begann.

Völlig erschüttert hielt Leandra den Atem an. Sie sah sofort den Zusammenhang mit dem Vorfall am Tage der Geburt. Als ihr der Zauberstab in das noch glimmende Feuer gefallen war.

Sie fasste sich dann aber doch ganz schnell, bevor Sternenstaub etwas bemerken konnte.

»Ach Sternenstaub, das ist sicher nicht deine Schuld«, beruhigte sie die Enkelin. »Lauf und hole mal deinen Stab und zeige mir, was du meinst«, sagte sie und schickte Sternenstaub los.

Und wenig später kam Sternenstaub wieder und zeigte der Großmutter, was immer beim Zaubern passierte.

Ewas ruhiger war die Enkelin schon geworden, die beruhigende Art der Fee hatte also schon Wirkung gezeigt. Im Gegenteil, nun war Sternenstaub schon wieder richtig aufgeweckt.

»Guck hier«, sagte sie, als sie den ersten Zauberspruch, den sie in der Schule gelernt hatte, versuchte. »Jedes Mal sprüht es vorne aus der Spitze des Stabes heraus. Siehst du die Funken, Oma?«, rief sie, als es wieder passierte.

Und tatsächlich, bevor der Spruch seine Wirkung tun konnte, schossen vorne aus dem Zauberstab bunte kleine Funken heraus, die in alle Richtungen sprühten, dann aber auch gleich wieder verloschen.

»Eigentlich sieht es ja toll aus«, meinte Sternenstaub. Aber das darf doch nicht sein, oder!? Ich habe mich noch nicht getraut, es jemanden zu sagen. Was mache ich denn nur falsch? Damit kann ich doch später nicht zaubern! Die lachen mich doch alle aus. Oma bitte hilf mir doch!«

Völlig perplex hatte die Oma das Schauspiel verfolgt.

Innerhalb von wenigen Sekunden war ihr klar geworden, dass dies sicherlich an dem Unfall mit dem Feuer liegen musste.

Und ebenso wie ihre Enkelin sah sie – erschrocken und dennoch verzückt – auf die Funken, die aus dem Stab stoben. »Lass es mich mal versuchen«, sagte sie und griff nach dem Stab.

Und da sie den Stab ja gearbeitet hatte und zum Clan gehörte, funktionierte der Stab auch bei ihr.

Sie versuchte es ebenfalls mit einem leichten, kleinen Zauber und ...?

Es geschah genau das gleiche wie es Sternenstaub passiert war. Bunte kleine Sterne und Funken stoben zuerst aus der Spitze, bevor der Stab seine Arbeit tat.

Und Leandra musste lachen. Das sah aber auch zu putzig aus.

Und je öfter sie es probierte, desto mehr musste sie über diese Funken lachen. Das war so ansteckend, dass auch die Kleine anfing mitzulachen.

Sie versuchten Spruch um Spruch und jedes Mal »funkte« es. Der Zauberstab flimmerte regelrecht. Immer und immer wieder stiegen die Funken hervor.

Es flogen immer wieder bunte Sternchen umher, die dann aber auch gleich wieder verloschen. Es war so lustig, dass sie kaum aufhören wollten. Die Ängstlichkeit von Sternenstaub hatte sich längst gelegt. Bauchschmerzen hatten sie schon vor lauer Lachen. Sie hielten sich schon die Hände vor den Bauch, so sehr hatten sie Freude daran gehabt.

»Weißt du was, mein Kind«, sagte die Fee Leandra zu Sternenstaub. »Natürlich könnte ich mir jetzt einen Zauberspruch ausdenken und die Funken an deinem Zauberstab unterbinden. Das wäre doch einfach zu schade. Findest du nicht auch?« Und dabei drückte sie die Kleine an sich. »Ich habe eine bessere Idee. Du sollst dich nicht lächerlich machen. Nein, das möchte ich nicht. Aber: die Funken sind doch so toll. Mein Vorschlag ist, wenn du das auch möchtest, dass wir es mit der Familie besprechen. Was hältst du davon, wenn wir deinen Zauberstab so lassen und die anderen in der Familie fragen, ob sie nicht auch solch ein Funkengestöber haben möchten?«

Und genau so machten sie es. Es wurde ein Familienrat einberufen und Sternenstaub führte nun allen ihren Zauberstab mit dieser Besonderheit vor

Zuerst waren alle erstaunt, so etwas hatte es noch nie gegeben. Davon hatte man auch nie gehört.

Aber die Funken sahen wirklich so toll aus. Und auch sie fanden, dass man richtig gute Laune bekam, wenn der Zauberstab zuerst zu sprühen anfing, bevor er arbeitete.

Die Fee Leandra wurde beauftragt, einen Zauberspruch zu erfinden, damit auch alle anderen Stäbe so herrlich leuchteten, funkelten und Funken sprühten.

Von nun an wurde jeder Zauberstab mit dem Wunsch versehen, immer erst zu sprühen und zu funken, bevor er seine Arbeit tat.

Und selbst die Filmindustrie in Amerika, Hollywood, hat dies übernommen!

Denkt mal an die schönen Zeichentrickfilme und Walt-Disney-Filme. Immer gibt es dort Hexen, Zauberer und natürlich Feen, die einen sprühenden und funkelnden Zauberstab in den Händen halten.

Und so ging die Fee Florie Sternenstaub mit ihrem besonderen Zauberstab in die Geschichte ein.

Und wenn noch immer Feen geboren werden, so sprühen sie noch heute ☺

Barbara – Die begnadete Malerin

Barbara stand an der Staffelei. Wieder tunkte sie den Pinsel in die Farbe. Es wurde langsam Zeit, dass sie fertig wurde mit diesem Bild. Es war Herbst und schon ziemlich kühl in ihrem Atelier. Sie musste zusehen, dass sie das Bild verkaufen konnte. Sie brauchte dringend Geld für Heizmaterial, um das alte zugige Haus zu heizen, das sie vererbt bekommen hatte.

»Nicht mehr lange, dann bin ich fertig«, dachte sie. Noch einige wichtige Pinselstriche, dann wäre es geschafft. Behutsam behandelte sie den Pinsel, denn sie hatte bemerkt, dass er schon angebrochen war. Gerade setzte sie wieder an und drückte doch zu fest, als es ein knirschendes Geräusch gab und dann war es geschehen. Der Pinsel war abgebrochen. Was für ein Ärger!

»Ach, was mache ich jetzt nur«, stöhnte sie. »Ich muss das Bild doch schnellstmöglich verkaufen.« Sie brauchte das Geld so dringend. Und musste ja auch noch einen Käufer finden.

Da hatte sie eine Idee. Hatte sie nicht letztens eine alte Staffelei und uralte Pinsel auf dem Dachboden entdeckt? Sie legte die Palette beiseite.

Die alte Leiter knarrte zwar, als würde sie sich gegen die Last wehren wollen, aber Barbara stieg vorsichtig die Stufen hoch. Wenn die Treppe sie letztens getragen hatte, warum dann heute nicht? »Also weiter«, dachte sie.

Da stand sie auf dem Dachboden. Die Luft war stickig, aber doch noch erwärmt durch die Sonnenstrahlen, die durch die Luken schienen. Es hatte sich also gelohnt, dass sie die Fenster im Sommer geputzt hatte. »Ja, da hinten war es doch«, murmelte sie vor sich hin und durchquerte den Raum.

Dann stand sie vor einer alten Staffelei. Ihre Oma hatte auch gemalt. Diese hatte allerdings wunderbare Bilder hergestellt und war dadurch sehr berühmt geworden. Einige Bilder hatte Barbara noch behalten, um sich den Malstil der Großmutter immer wieder anzuschauen. Der Farbauftrag und der Strich der Pinselführung waren einmalig schön. Die Bilder hatten einen Glanz, der zwar oft kopiert, aber nie erreicht wurde. Barbara selber hoffte, dass ihr Talent irgendwann diese Klasse erreichen würde.

»Wo sind denn nur die Pinsel?« Barbara hatte doch welche gesehen gehabt. »Ja, da seid ihr ja«, meinte sie zu den Pinseln. Es waren einige alte Pinsel, aber das musste fürs Erste reichen. Nur noch das Bild zu Ende malen, dann würde sie sich neue kaufen können.

Sie nahm einen der beiden in die Hand, wog ihn und schlug leicht dagegen. Der Staub löste sich und sie musste niesen. »Der könnte es sein«, dachte sie und nahm ihn mit. Er bot keinen schönen Anblick, der Lack war schon abgeblättert, aber er sollte ja nicht schön aussehen, sondern Farbe auftragen. Und dafür genügte er sicherlich. Glücklich stieg sie wieder die Stufen der ächzenden Treppe hinab und zu ihrem fast fertigen Bild.

Es klappte prima. Der Pinsel machte sich erstaunlich gut und überraschend schnell wurde sie mit ihrer Arbeit fertig. Es wurde sogar besser, als sie es sich vorgestellt hatte. Nur wenige Striche waren noch nötig gewesen. Sie war selbst erstaunt darüber, wie schnell es schlussendlich ging.

Sie machte zwei Schritte rückwärts und besah sich ihr Werk. Es war wunderbar geworden. Viel schöner, als geglaubt. Da fand sie sicher schnell einen Liebhaber für. Sie freute sich. Das Geld war so gut wie sicher.

Nochmals besah sie sich ihre Staffelei mit dem Bild. Lag es an den Sonnenstrahlen, die jetzt das Atelier erhellten? »Oma, ich mache es dir bald nach«, dachte sie. »Jetzt habe ich auch so einen Glanz, fast wie bei deinen Bildern«.

Und wirklich, sie stand kaum einige Minuten an ihrer reservierten Stelle am Fluss, an der Kaimauer, schon kamen einige Interessenten und rissen ihr fast das Bild aus der Hand. Sie war glücklich und zufrieden. »Ich glaube, ich werde mir auch einen Namen machen. Die Leute kommen schon ganz gezielt zu mir.«

Nun konnte sie sich das ersehnte Heizmaterial kaufen, neue Pinsel und einige Leinwände. Das sollte den Winter über reichen. Zu Essen konnte sie ebenfalls besorgen und eine offene Rechnung beim Bäcker nebenan endlich begleichen. Dort hatte sie anschreiben dürfen. In ihr hatte der Eigentümer eine Künstlerin gesehen und so durfte sie dort ab und zu einkaufen, ohne gleich die Rechnung bezahlen zu müssen.

»Was habe ich doch für ein Glück.« Sie atmete tief durch und stellte fest, dass sie wirklich rundum zufrieden war. »Wer kann das schon von sich sagen?«

Den restlichen Herbst über arbeitete sie eifrig und stellte auch zwei Bilder fertig. Sie hatte sich gute neue Pinsel besorgt und mit denen ließ es sich trefflich malen. Aber irgend etwas fehlte wieder. Es war nicht so perfekt, wie sie es wollte. Immer wieder überlegte sie, was genau das Bild noch brauchen würde, aber sie kam zu keinem Ergebnis. Es war, als würde das sprichwörtliche Salz in der Suppe fehlen. Doch so sehr sie auch überlegte und nachdachte, sie hatte keine Idee und kam auf kein Ergebnis. Die Bilder waren gut, keine Frage. Aber das I-Tüpfelchen fehlte immer noch.

Und dann geschah es erneut. Der eine neue Pinsel zerbrach, als er auf den Boden fiel und sie aus Versehen auch noch darauf trat. Der andere war einfach nicht mehr zu finden. Ob ihre Katze den stibitzt hatte, als sie letztens alleine in ihrem Studio war? Barbara hatte keine Ahnung. Aber sie hatte ja noch den alten, scheußlichen Pinsel vom Dachstudio. Der musste nun herhalten, bis sie wieder neue Pinsel kaufen würde.

Sie war gerade in einer sogenannten Schaffensphase und wollte unbedingt weiterarbeiten. Da war keine Zeit zum Einkaufen. Wenn die Gefühle und Ideen kamen, musste sie diese sofort umsetzen. Sie wusste, dann kamen ihre besten Ergebnisse auf die Leinwand. Sie fand den alten Pinsel sofort und konnte sogleich weiterarbeiten. So hässlich dieses Teil auch war, aber sie konnte wunderbar damit umgehen. Ganz flink ging mit einem Mal alles. Ihr war, als würde die Hand alleine geführt. In einer Schnelligkeit kam die Farbe auf die Leinwand, es war fast atemberaubend. Sie konnte gar nicht so schnell die Farben zusammenrühren, wie sie andererseits die Farben auf die Staffelei bringen wollte. Sie arbeitete in einem Wahnsinnstempo, wie sie es nie zuvor getan hatte. Auch eine Zufriedenheit machte sich in ihrem Inneren breit, wie sie es auch kaum vorher gespürt und bemerkt hatte. Sie musste durcharbeiten. Sie konnte keine Pause machen. Das Bild musste fertig werden, hatte sie das Gefühl. Eher konnte sie nicht aufhören.

Und dann war es so weit. Sie trat einige Schritte zurück und besah ihr Werk. Wieder so ein tolles Bild war es geworden. Erneut dieser seidige Glanz, egal welche Szene sie sich auch ansah. Sie war noch mehr verblüfft, als sie merkte, dass das Bild Ähnlichkeiten mit denen ihrer Oma bekam. Sollte sie es geschafft haben? Hatte sie ihr Talent so weit vervollkommnend, dass sie nun an das Können ihrer Großmutter heranreichte?

Das Bild war so schön geworden, dass ihr selbst die Tränen in die Augen stiegen. Und sie stellte sich die Frage, ob sie es überhaupt verkaufen wollte. Doch, entschied sie dann, ich kann es weggeben. »Ich kann es verkaufen und in die Welt geben. Ich weiß ja, dass in mir diese Farben noch vorhanden sind. Es soll sich auch ein anderer Mensch darüber freuen können. Und es ansehen können, wann immer er wollte.«

Sie setzte sich in eine Ecke ihres Ateliers und besah sich – nochmals von Weitem – das Ergebnis ihrer Arbeit. So schön ist es geworden, dachte sie erneut. Sie lehnte sich zurück und genoss den Anblick. Den alten Pinsel hatte sie derweil immer noch in der Hand. Als sie plötzlich bemerkte, dass ihre rechte Hand zuckte. Sie schaute herunter und merkte, dass es nicht ihre Hand war, auch nicht ihre Finger, die da vibrierten. Es schien ihr, als würde der Pinsel das tun. Eine Art Eigenleben haben. Sie schaute genauer hin. Was war das? Hatte sie vielleicht Krämpfe in den Fingern und hatte dies bisher nicht bemerkt?

Nein, es war definitiv der Pinsel, der ruckte und damit auch ihre Hand in Bewegung brachte.

»Das kann doch nicht wahr sein«, stöhnte sie. »Ich muss überarbeitet sein. Oder das Essen war nicht mehr gut.«

Doch der Pinsel bewegte sich weiter. Sie stand langsam auf und ging zögernd in die Richtung ihrer Staffelei. Da, das Zucken wurde heftiger. Sie ging noch näher zum Bild. Sie wehrte sich nicht mehr gegen diese Art der Manipulation, sondern hatte ihre rechte Hand jetzt ganz entspannt. Sie fühlte, wie der Pinsel ein Eigenleben bekam. Er wollte an die Palette und zog sich eine Farbe, die sie noch angerührt hatte, in die Pinselhaare. Dann bog er sich zum Bild und vollführte einige feine Striche. Sie gab weiterhin nach und besah sich das Ergebnis. Noch drei mal wiederholte der Pinsel diese Prozedur, dann wurde es ruhiger in Barbaras Hand.

Sie konnte nun den Pinsel aus der Hand legen. Keine Bewegungen mehr, keine Forderungen, die Hand so oder so zu führen. Ruhe war eingekehrt. Sie ging erneut rückwärts, um genügend Abstand zu bekommen und den gesamten Überblick auf das Bild zu haben. Sie konnte es kaum glauben, aber genau diese letzten Tätigkeiten hatten dem Bild gefehlt. Nun war es vollkommen. Einfach vollkommen und makellos. Nichts fehlte mehr, alles perfekt und ideal. Und obendrein gab es wieder diesen hervorragenden Glanz auf der Oberfläche. Besser hätte es die Oma auch nicht gekonnt, da war sie sich ganz sicher.

Apropos besser. Das war es also. Sie bekam weiche Knie, als sie den Gedanken zu Ende dachte. Natürlich, hier lag das Mysterium. Sie hatte das Geheimnis gefunden und gelöst! Ihre Oma, da konnte sie sich daran erinnern, hatte immer mit alten, schäbigen Pinseln gearbeitet. Daran hatte es also gelegen.

Nun wurde Barbara klar, dass es nicht mehrere abgenutzte Pinsel gegeben haben kann. Nein, im Gegenteil. Sicher war es nur einer gewesen. Nämlich dieser hier!

Sie sah den Pinsel, den sie abgelegt hatte, genau an. Sie nahm ihn auf und besah ihn sich von allen Seiten. So war nichts zu erkennen. Ein ganz normales Stück hielt sie in den Händen. Nichts besonderes, wie es schien.

Aber sie wusste es jetzt besser. Sie würde keine anderen Sachen mehr kaufen. Sie würde zukünftig nur noch diesen hier benutzen. Und – sie würde ihm die Achtung entgegenbringen, den er verdient hatte. Tränen der Freude und Rührung liefen ihr über das Gesicht. Ihr schossen Gedanken des Dankes durch den Kopf. Und plötzlich drehte sich der Pinsel in ihren Händen. Sie wusste augenblicklich, dass er ihre Gedanken vernommen hatte und sich bei ihr auf diese Weise bedankte. Sie konnten miteinander kommunizieren. Kein Zweifel mehr und das fühlte sich herrlich an.

Sie verbeugte sich und legte den Pinsel achtsam zurück. »Wir werden lange zusammenarbeiten. Ich danke dir hierfür«, sprach sie aus. Im Atelier wurde es noch eine Spur heller und das Sonnenlicht funkelte geradezu auf der Leinwand.

... und wenn sie nicht gestorben ist, so malt sie noch heute.

Die Köchin

Johanna und Bertram betrieben erfolgreich die Wirtschaft »Zum goldenen Engel«, aber Herz und Seele war unbestritten die gute Küche.

Und da hatte sie das Regiment. Sie liebte ihren Beruf und auch wenn sie etwas streng war, so arbeiteten ihre Aushilfen und Bediensteten gerne für Johanna. Streng, aber gerecht, war ihr Motto. Und der Erfolg gab ihr recht. Die Leute aus dem Dorf kamen gerne zu ihr und ihrem Mann.

Er zapfte ein gutes ordentliches Bier und konnte den Stammtisch gut unterhalten und sie liebte es, zu kochen. Die Mutter hatte ihr das Grundwissen beigebracht. Sie selbst hatte dann einige neue Gerichte ausprobiert und aus dem eigenen Garten die frischesten Kräuter und Gemüse dazugetan.

Und mit Obst gelangen ihr die besten Nachtische, die sie sogar über das Dorf hinaus bekannt gemacht hatten.

Sie hatten keine Kinder, das war ihnen bisher versagt geblieben. Aber vielleicht kümmerte sie sich deshalb so gut um die eine junge Frau, die seit einiger Zeit bei ihnen in der Küche beschäftigt war. Miriam war ein sanftes junges Mädchen. Sie war sehr dünn, jedoch zäher, als man es ihr zutraute. Sie war geschickt und aufmerksam und Johanna brauchte ihr neue Aufgaben nur einmal zu zeigen. Miriam setzte alles sofort richtig um. Nie gab es einen Grund zur Klage. Nein, Johanna hatte diese Kleine in ihr Herz geschlossen, soviel stand fest. Anmerken ließ sie sich dies natürlich nicht. Vorteile gab es hier nicht zu verteilen.

Doch wer Johanna ein bisschen kannte, der wusste es besser. Kleinigkeiten verrieten sie doch manchmal. In streng gehütete Rezepte durfte die Küchenhilfe schon mal mit hineinschauen. Dies war ein großer Vertrauensbeweis. Das durfte bisher niemand. Und bisher brauchte sie dies nicht zu bereuen.

Heute arbeiteten sie hart in der Küche, denn viele Menschen warteten in der Gaststube auf ihr Essen. Die Suppen köchelten vor sich hin und blubberten. Der Ofen glühte und auf den Herdplatten brutzelten die Fleischteile. Es war heiß und die Angestellten hatten schon rote Gesichter.

Es war ein Gewusel und hin und her Gerenne. Aber jeder wusste, was er zu tun hatte. Johanna wischte sich den Schweiß von der Stirn. Es war wirklich viel los heute. Aber die Übersicht hatte sie noch nicht verloren. Es schien Chaos zu herrschen, aber sie hatte noch immer den Überblick und alles im Griff.

Da geschah es plötzlich. Sie wollte gerade mit einem vollen Teller die Gaststube betreten, da knickte sie mit dem Knöchel um und schlug lang hin. Das Essen rutschte vom Teller und breitete sich auf dem Boden aus. Und mittendrin lag Johanna mit schmerzverzerrtem Gesicht. »Aua«, rief sie. »Oh meine Güte, tut das weh.« Und während sie dies rief, rieb sie sich den rechten Knöchel. Der wurde auch gleich dick und binnen kurzem sah er auch merkwürdig aus. »Oh je, ich habe mir den Fuß verstaucht oder gar gebrochen!«

Das war wirklich nicht zu übersehen. Der Fuß wurde stetig dicker und unförmiger. Mit vereinten Kräften stellte man Johanna auf die Beine, aber an Auftreten war nicht zu denken. So schleppte man sie zurück in die Küche und setzte sie auf einen Hocker.

Arbeiten war die nächste Zeit nicht möglich. Das konnte sie abhaken. Aber der Betrieb musste doch laufen. »Was mache ich nur?«, murmelte sie vor sich hin. »Wer kann mich hier gut vertreten?«, fragte sie sich.

Ihr Blick fiel auf Miriam, die sofort die Situation erfasst hatte und bereits die nächsten Anweisungen an die Angestellten der Küche gab. Und ohne zu murren taten auch alle, wie ihnen geheißen wurde.

Johanna blickte sich um. Sollte dies wirklich die Lösung sein? Aber viele andere Möglichkeiten hatte sie nicht. Und wenn Miriam tatsächlich über eine gewisse natürliche Autorität verfügte, umso besser. Ihr Vertrauen hatte sie ja ohnehin, die Kleine.

»Nun gut«, ergriff Johanna das Wort, und alle noch so Beschäftigten unterbrachen für den Moment ihre Arbeit. »Gut«, wiederholte sie, während sie mühsam aufgestanden war und auf einem Bein stand, um allen in die Augen zu sehen. »Wie ihr gesehen habt, falle ich wohl die nächsten Tage oder gar Wochen aus. Ich beauftrage hiermit Miriam, mich zu vertreten. Ihr hört auf sie, als wenn ich euch etwas sagen würde. Und keine Diskussion bitte.« Dabei ließ sie sich wieder auf den Hocker fallen und gab per Handzeichen Bescheid, man möge ihr nun helfen, die Küche zu verlassen.

Miriam war bei den Worten weiß geworden. Sie schwankte und hielt sich an einem der Tische fest. Das konnte doch nicht sein. Sie sollte die Küche übernehmen? Das hatte sie noch nie gemacht. Wie macht man das denn? Würden denn alle auf sie hören?

»Ich kann das nicht, Madame«, hörte sie sich rufen. »Bitte bestimmen Sie jemand anderen für diese Aufgabe.« Aber Johanna hörte dies nicht mehr, vielmehr wollte dies nicht hören.

Und da die Gäste bereits ungeduldig aus dem Gastraum nach dem bestellten Essen riefen, half es nichts und sie musste sofort in's kalte Wasser springen.

Sie hatte auch keine Zeit mehr, sich darüber Gedanken zu machen. Viel zu viel war zu tun. Und da sie inzwischen die Abläufe gut kannte und ein gutes Organisationstalent hatte, gelang es ihr recht gut, die Aufgabe zu erfüllen. Abends, nachdem der letzte Gast gegangen war, setzten sich alle erschöpft, aber sehr glücklich zusammen.

Miriam hatte es geschafft, die Küchengemeinschaft gut zu führen. Sie waren alle recht müde, aber trotzdem zufrieden mit ihrer Arbeit. Das gab allen ein gutes Gefühl und sie freuten sich schon auf den nächsten Tag. So sollte es ja auch scin.

Auch in den nächsten Tagen meisterte sie diese Aufgabe perfekt. So geschickt, dass Johanna fast etwas eifersüchtig wurde. Wurde sie nicht mehr gebraucht? Aber etwas stieß Johanna noch mehr auf.

Die Gäste lobten mehr denn je das gute Essen. Ja, fanden sie, bisher waren die Gerichte immer ausgezeichnet gewesen, aber in letzter Zeit ... »Irgendwie noch toller, noch abgeschmeckter, noch raffinierter«, bezeichneten sie die Mahlzeiten.

Wie konnte das sein, fragte sich Johanna. Sie beschloss jetzt doch noch aufmerksamer Miriam zu beobachten. Was machte sie anders, dass die Gäste solche Äußerungen machten?

Doch so aufmerksam Johanna auch war, sie konnte nichts anderes entdecken als bisher. Miriam hielt sich strikt an die Vorgaben. Kein Rezept war verändert worden, keine Zutat wurde weggelassen oder extra dazugegeben. So viel Mühe sich Johanna auch gab, sie konnte nichts entdecken, was anders gewesen wäre.

Miriam hingegen wurde in dieser Zeit immer nervöser und zerfahrener. Traute die Chefin ihr die Aufgabe nicht mehr zu? Machte sie etwas falsch? So viele Gedanken sie sich auch machte, sie konnte keinen Fehler an ihrer Arbeit entdecken. Es machte ihr auch viel zu viel Freude, so zu arbeiten. Sie fühlte sich total ausgefüllt und in ihrem Metier.

Doch wie es so ist in großen Dingen. Nicht ohne Grund hatte Johanna die Kleine in ihr Herz geschlossen. Und so konnte auch kein Neid in das Herz der Köchin einziehen! Missgunst und Ärger hatten keine Chance, sich auszubreiten. Und so kam die Chefin auf die einfachste Idee, die man in solch einem Fall haben kann.

Am nächsten Tag, sie konnte schon wieder in die Küche humpeln, nahm sie Miriam beiseite.

»Du brauchst keine Angst zu haben«, raunte sie ihr ins Ohr, weil sie gemerkt hatte, dass Miriam zu zittern angefangen hatte. »Ich will dich nur etwas fragen«, sagte sie schließlich. Johanna hatte sich inzwischen in eine Ecke der Küche gesetzt und die Kleine mitgezogen.

»Ich habe mich umgehört. Das weißt du sicherlich! Die Gäste finden dein Essen noch schmackhafter, als wenn ich koche. Ich habe dich beobachtet, konnte aber nicht sehen, was du anders gemacht hast. Du hast meine Rezepte genau befolgt und nichts verändert. Was ist es also, das diese

Veränderung am Essen ausmacht? Was machst du, dass die Gerichte so viel besser schmecken?«

Miriam hatte bei der Rede den Kopf gesenkt und war errötet. »Nichts, wirklich nichts habe ich gemacht. Ich habe nichts verändert. Wirklich. Immer habe ich alles so gemacht wie bisher.« Dabei hatte sie den Blick gesenkt gehalten und zitterte noch mehr. Sie hatte sich doch solche Mühe gegeben, die Chefin gut zu vertreten. Spaß hatte es ihr gemacht und es war doch auch alles gelungen bisher. Was wollte die Köchin nur von ihr. Miriam war sich keiner Schuld bewusst. Ihre Hände fühlten sich ganz kalt an. Sie rieb die Finger aneinander, damit sie wieder wärmer würden. Ihr selbst war ganz kalt, obwohl es in der Küche heißer und dampfiger war als sonst.

Johanna hatte dies alles registriert und reagierte sofort darauf. »Miriam! Wirklich, ängstige dich nicht!«, sagte sie und nahm die Kleine in den Arm. Diese wusste gar nicht, wie ihr geschah. Das war noch nie passiert. Solch eine Zuneigung hatte die Chefin ihr noch nie gezeigt.

Johanna ließ Miriam los, hielt aber immer noch beide Arme fest und rubbelte an den Oberarmen. Dann nahm sie eine Hand, schob sie unter das Kinn von Miriam und hob so den Kopf.

»Es ist mir ernst«, sagte sie wieder. »Du brauchst keine Angst vor mir zu haben. Ich mache dir keine Vorwürfe. Guck mir in die Augen und dann siehst du, wie ernst es mir dabei ist«, sprach sie zu ihr. »Ich möchte nur wissen, was du gemacht hast. Ich bin sehr zufrieden mit dir. Du hast die Küche und die Leute gut geführt und im Griff gehabt. Das kann nicht jeder. Und zudem sind die Gäste noch zufriedener geworden. Es kommen immer mehr Gäste, weil alle von deinem Essen schwärmen. Nun sag schon, was ist dein Geheimnis«.

Durch diese beruhigenden Worte der Chefin hatte sich Miriam zwischenzeitlich etwas beruhigt. Sie atmete noch heftig und der Puls raste, aber sie hatte keine Angst mehr. Die aufrichtigen Worte der Chefin hatten ihr Herz erreicht. Sie wusste, sie hatte nichts zu befürchten.

»Ich weiß es nicht«, antwortete sie zaghaft. »Ich weiß es wirklich nicht«, schob sie hinterher, als sie die fragenden Augen Johannas sah. »Nichts ist anders. Ich habe die Rezepte Wort für Wort befolgt. Keine anderen Kräuter habe ich verwendet. Auch die Gewürze genau so, wie bisher. Keinen Deut mehr oder weniger. Wirklich. Du kannst mir glauben! Ich belüge dich nicht«, rief sie aus.

Und dann – plötzlich – stockte sie. Wieder blickte sie auf den Boden und traute sich nicht, den Augenkontakt wieder herzustellen.

»Du weißt es jetzt, nicht wahr?«, meinte Johanna. »Bitte sag es mir. Was immer es auch ist. Ich bin dir nicht böse. Ich werde es genau so machen wie du. Ich will doch auch nur, dass unsere Gäste zufrieden sind«.

»Ja«, meinte sie kleinlaut. »Mir ist da etwas eingefallen. Das Einzige was ich in letzter Zeit immer anders am Herd gemacht habe. Ich weiß aber nicht, ob das der Grund für den besseren Geschmack ist.

Weil doch Ihr Fuß schnell heilen sollte, habe ich immer gebetet. Während ich gekocht habe, habe ich für Ihre Gesundheit gebetet und dabei auch das Essen gesegnet. Das habe ich von meiner Oma. Sie hat mir beigebracht, dass man das Essen segnen soll. Nicht nur der Pfarrer darf das tun, nein, auch wir einfachen Menschen dürfen das. Und so habe ich beim Kochen die Zutaten und das gesamte Essen gesegnet.«

Während Miriam dies immer leiser werdend erzählte, wurde auch die Köchin immer ruhiger.

Selbst die Ausstrahlung der Chefin veränderte sich und mit Tränen in den Augen antwortete sie: »Miriam. Ich danke dir für diese Worte. Danke von ganzem Herzen. Ich werde es, versprochen, in Zukunft genauso machen wie du.«

Mit diesen Worten schloss sie Miriam fest in die Arme.

»Hab vielen Dank dafür. Du hast mir mehr beigebracht, als ich dir je zeigen konnte. Ab sofort wird jedes Gericht von mir in der Küche gesegnet.«

Der magisch funkelnde Ring

Ihre Enkelin war ganz versessen auf ihren Ring.

Dieser funkelnde Stein, der wie eine Rose inmitten der silbernen Umfassung saß, hatte es ihr schon immer angetan. Vor allen Dingen, weil er zu bestimmten Zeiten, sie wusste nur nicht, wann genau, die Farbe zu wechseln schien. Und sie hatte bemerkt, dass die Oma Elisabeth immer darauf bedacht war, dieses Farbenspiel genauestens zu beobachten.

»Darf ich den Ring auch mal tragen?«, fragte sie ihre Oma erneut. Und stets antwortete diese dann mit einem Lächeln: »Ja, irgendwann einmal wirst auch du diesen Ring tragen. Dann ist es an dir, der Tradition weiter zu folgen, ich aber werde dann nicht mehr lange leben.«

Oh, daran wollte Beatrice, kurz Bea genannt, naturgemäß nicht denken.

Da ihre Eltern wenig Zeit für sie hatten, lebte sie bei ihrer Großmutter. Und das war auch gut und richtig so, hatten beide doch eine innige Beziehung miteinander.

Schon als Bea noch ein Baby war, hatte die Großmutter erkannt, dass etwas Besonderes in ihr schlummerte. Dieselben Kräfte, die auch sie besaß. Seelenkräfte, die behutsam geweckt werden und auch verantwortlich genutzt werden mussten. Und anscheinend sollte es ihre Aufgabe sein, dies zu übernehmen. Ihre eigene Tochter indes hatte nichts dergleichen, und dadurch wenig Verständnis in dieser Hinsicht.

Nachdenklich sah die Großmutter auf ihren Ring, den sie einst von einer weisen alten Frau bekommen hatte. Einer

Frau, die jahrelang als Heilerin gearbeitet und Elisabeth einst in diese hohe Kunst eingeführt hatte. Diese Ausbildung war nicht leicht gewesen, man musste sich mit Kräutern, Tinkturen und Salben gut auskennen. Wann werden welche Pflanzen, Blumen und Blüten zu welcher Tages- oder gar Nachtzeit geschnitten? Wie wird welches Kraut eingelegt oder mit dem Mörser bearbeitet?

Und nicht zu vergessen die Kraft im Geist und in den Händen zu fördern oder zu regulieren. Je nachdem, was gefordert war und dem Kranken zugute kommen sollte. Eine langwierige, aber auch schöne Lehre war es gewesen. Ihre Ausbilderin war schon lange von dieser Erde gegangen und Elisabeth hatte würdig ihre Nachfolge angetreten.

Und nun war es an der Zeit, ihre Enkelin Beatrice in das große Wissen einzuführen. Welch eine Aufgabe! Sie zweifelte früher, ob sie dieser Aufgabe würde gerecht werden können. Aber dann erinnerte sie sich an ihre eigene Ausbildung und wie ihr in den Momenten des Zweifelns gesagt wurde:

»Du bekommst nur DIE Aufgaben im Leben, die du auch zu lösen vermagst. Vertraue auf diesen Satz des Universums. Er ist wahr.«

Und so war es auch ständig in der Vergangenheit gewesen. Im Nachhinein – nach noch so schwierigen Aufgaben musste sie erkennen, dass alles sich exakt gefügt hatte.

Immer hatte sie über genügend Erfahrung verfügt, um die neu gestellte Aufgabe zu meistern. Selbst wenn sie nur einen Tag zuvor vielleicht eine Antwort auf eine im Geiste gestellte Frage bekommen hatte. Stets kam alles im richtigen Moment. Bei diesem Rückblick gingen ihr wohlige

Schauer über den Rücken. Diese Gewissheit hatte ihr im Leben gut geholfen.

Erneut schaute Elisabeth auf den Ring und drehte ihn am Finger leicht hin und her. Ja, es schien an der Zeit zu sein, diesen Ring weiterzugeben.

Bea verfügte schon über das Pflanzenwissen. Sie kannte die Pflanzengeister und wusste, was diese zu sagen hatten. Welche Kräuter sie nutzen musste und welche Verbände halfen, um die Kranken zu heilen. Oft hatte sie schon jetzt einen guten Zugang zu den Kranken, welche die Oma oft besuchten und nach Gesundheit verlangten. Sie hatte ein gutes Einfühlungsvermögen in die Besucher und diese hatten auch bereits großes Vertrauen zu ihr.

Es fehlte also nur noch die letzte Aufgabe. Die letzte große Herausforderung, die aber auch die schwierigste für Beatrice werden würde.

Elisabeth wartete einen schönen Sommertag ab und rief ihre Enkelin zu sich.

»Bea«, sagte sie feierlich, »Bea, es ist Zeit, dass ich dir den Ring übertrage.«

Bea schaute zuerst begeistert, dann jedoch erschrocken ihre Oma an. »Aber Oma, du weißt, wie gerne ich den Ring tragen möchte. Aber du wirst doch noch nicht von uns gehen wollen?«, fügte sie mit groß aufgerissenen Augen hinzu.

»Beruhige dich, mein Kind. Ich habe noch etwas Zeit auf dieser Erde zu verbringen. Denn: Ich gebe dir zwar diesen Ring, aber du musst noch drei Aufgaben lösen, bevor dir der Ring seine Hilfe anbietet.«

Zuerst atmete Bea tief durch. Gut, die Oma würde also nicht so schnell sterben. Das war wichtig. Sie wollte sie doch nicht verlieren.

Dann jedoch wurde ihr die Aussage klar. »Drei Aufgaben müssen gelöst werden? Welche sind es denn?«

»Das, mein Kind, wirst du ganz alleine herausfinden müssen. Da darf ich dir nicht helfen. Aber wenn du diese Aufgaben gemeistert hast, dann steht dir der Ring voll zur Verfügung. Dann vermag er dir durch sein Farbenspiel zu zeigen, was für den Patienten die richtige Behandlung ist.«

Bei diesen Worten zog sie sich den Ring vom Finger. Hielt ihn nochmals zwischen beiden Händen und schien eine Prozedur der Verabschiedung zu machen. In der Tat murmelte sie einige Worte vor sich hin, die Bea nicht verstand, hauchte den Ring einmal noch kurz an und gab ihn dann an ihre Enkelin.

Bea schien es, als seufzte der Ring kurz auf. Und dann nahm er eine Farbe von eisgrau an, den sie noch nie vorher an ihm gesehen hatte.

Mit dem Einverständnis ihrer Großmutter, streifte sie den Ring über ihren rechten Ringfinger. Kühl und präsent fühlte er sich an. Als Bea ihn nochmals an die Oma zurückgeben wollte, winkte diese nur ab.

»Es ist jetzt deine Aufgabe. Und du wirst intuitiv wissen, wann du alles gelöst hast.«.

Damit verließ sie das Zimmer und sprach nie wieder davon.

Indes ging das Leben der zwei Frauen seinen gewohnten Gang. Es kamen immer mehr Patienten, sodass sie beide viel zu tun hatten.

Bea machte ihre Arbeit gut wie immer. Ständig lernte sie dazu, aber der Ring war ihr keine Hilfe. Niemals veränderte er seine Ausstrahlung oder gar Farbe. Und so kam es, dass Bea nicht täglich darauf achtete, sondern einfach nur ihren Tätigkeiten nachging.

Zu ihnen kamen auch Patienten, die zwar nach Heilung verlangten, aber sobald sie gesund waren, noch nicht einmal ein Danke sagten. Manche meinten sogar, sich nachher über die Behandlung lustig machen zu müssen.

Einmal hatte Beatrice sogar einen Mann zu Besuch, bei dem der Weg der Genesung nicht so leicht war. Nach der Behandlung – sie hatte die Hand aufgelegt – war der Mann zwar geheilt, sie selbst jedoch völlig erschöpft. Es hatte ihre ganze Kraft gekostet, diesen Menschen zu heilen.

Dann hörte sie am nächsten Tag im Dorf, dass genau dieser Mann sie verleugnete. Nein, er wäre nie bei der Heilerin gewesen. Er sei ganz von allein gesund geworden. Wer würde denn schon zu solch einer Quacksalberin gehen?

Bea fühlte sich zutiefst getroffen, als sie davon hörte. Dann jedoch straffte sie sich, zog die Schultern zurück und segnete in Gedanken diesen Mann.

In dem Moment, wo sie dieses tat, juckte ihr rechter Ringfinger. Automatisch kratze sie sich und sah auf die Hand. Was war das?

Der Ring leuchtete in einer anderen Farbe. Das Eisgrau war verschwunden und ersetzt durch eine rote Granatfarbe. Wie schön er glänzte und schimmerte. Sie wusste in diesem Moment, dass die erste Aufgabe gelöst war.

Und zu Hause bestätigte dies die Oma, nahm sie in den Arm und sagte: »Die erste Regel hast du verinnerlicht:

LIEBE ZU ALLEM UND JEDEM.«

Bea nickte. Ja stimmt, sie hätte auch die Möglichkeit des Ärgerns gehabt. Aber sie hatte sich nicht herunterziehen lassen und im Gegenteil ihm noch alles Gute gewünscht. Sie freute sich unbändig und war schon gespannt, was sie noch erwarten würde.

Doch auch hier verging wieder einige Zeit. Ab und zu half ihr der Ring bei der Behandlung und sie wusste schon, wann genau er besonders zu funkeln begann. Dann veränderte sie die Behandlung und wirklich, die Behandlungen schlugen dann auch gut an.

Jedoch kamen auch Patienten, denen sie nicht helfen konnte. Sie wusste zu Beginn nicht, warum dies so war. Wollte sie doch stets helfen. Auch waren es manchmal nur kleine Wehwehchen, die die Menschen plagten. Doch nichts half.

Da saß Bea dann betrübt in der Stube. Sie trank einen heißen Tee und war zuerst verzweifelt. Woran konnte das alles nur liegen? Sie tat doch ihr Bestes. Und die Oma hatte nur mit den Schultern gezuckt, als sie sie befragt hatte.

Hatte sie nicht genügend gelernt? Sollte sie diesen Beruf doch lieber lassen, wenn sie nicht mal in der Lage war, kleinste Kleinigkeiten zu heilen?

Sie dachte intensiv nach. Nein! Sie konnte etwas, da war sie ganz sicher. Sie hatte schon viele Menschen geheilt und tief im Inneren war sie sicher, dass sie dieser Berufung nachkommen musste und vor allen Dingen auch wollte!

Alles war richtig so, sie wollte weitermachen.

Plötzlich bemerkte sie ein Leuchten im Zimmer. Was war das auf einmal? Es schien, als ob die Sonne den Raum beleuchtete. In der Pracht aller Regenbogenfarben spiegelte sich das Zimmer und es war herrlich, dieses Funkeln zu sehen. Zugleich betrat die Großmutter den Raum und machte Bea auf den Ring aufmerksam.

»Du hast die zweite Aufgabe gelöst«, strahlte sie. »Was hast du erlebt und gedacht und gemacht?«

Bea erzählte ihre Gedanken, die sie bisher gehabt hat.

»Natürlich, mein Schatz«, rief die Großmutter dann aus. »Du hast den Sinn *deines* Lebens erkannt.

DU HAST DEINEN LEBENSWEG ERKANNT

Ohne Wenn und Aber. Ich bin so stolz auf dich und freue mich für dich«.

Begeistert fielen sich die beiden Frauen in die Arme und drückten sich heftig. Keine schien die Freudentränen der anderen zu bemerken.

Und wieder gingen sie ihrer täglichen Arbeit nach. Der Ring veränderte nun oft seine Farbe, und Bea lernte, auf die verschiedenen Veränderungen zu reagieren. Oft war es eine intuitive Reaktion, doch meist lag sie richtig mit ihrer Vermutung, was der Ring ihr sagen wollte.

Doch trotzdem, so farbenfroh wie bei ihrer Oma wirkte der Ring nicht.

Dann kam der Tag, vor dem sich Bea gefürchtet hatte. Ihre Großmutter wurde von Tag zu Tag schwächer und kein Mittel oder keine Tropfen halfen. Die Oma nahm sie in den Arm und sagte zu ihr: »Kind, geliebtes Enkelkind. Meine Lebensenergie ist erschöpft. Das ist halt so. Es wird Zeit, dass ich gehe. Es ist genug. Ich habe viel erlebt und konnte einigen Menschen helfen und sie gesund machen. Nun ist es an mir, diese letzte Reise auf der Erde zu vollziehen. Bitte sei nicht traurig.«

Bea hatte Tränen in den Augen und wusste doch: Es war, wie die Oma es sagte. Es war genau der richtige Moment für die Großmutter. Und dies musste man als Hinterbliebener ebenfalls anerkennen. Es ist der richtige Moment für den, der geht. Auch wenn man anderer Meinung sein sollte und es noch so schmerzlich ist.

So wurde die große alte Heilerin Elisabeth zu Grabe getragen. Und viele Menschen von nah und fern kamen, um ihr die letzte Ehre zu erweisen.

Bea war erstaunt, wie viele Menschen sich eingefunden hatten, um ihr das Beileid auszusprechen.

Nun verstand sie auch, warum manche Beerdigungen als »schön« bezeichnet wurden. Es war eine heilige Stimmung bei dem Begräbnis und es gab keinen, der nicht von dieser Stimmung ergriffen war.

Nun war Beatrice allein. Sie führte die Praxis weiter, aber eben allein. Am Anfang schien es ihr unerträglich und sie meinte, die Anwesenheit der Oma noch körperlich zu spüren. Manchmal redete sie mir ihr. Obwohl sie alleine in dem Behandlungsraum war, fragte sie nach dem Rat der Oma. Es schien ihr, als bekäme sie Antworten und Hinweise.

Und so kam es, dass es nicht so lange dauerte und Bea ganz gut zurecht kam. Sie sprach zwar noch immer mit ihrer Oma, aber sie konnte es aushalten, ohne sie zu sein. Sie konnte ihre Oma gehen lassen.

Eines Abends setzte sich Bea in die Küche und gebrauchte eine Zeremonie, die sie noch nie angewandt hatte. Aus dem Bauch heraus fand sie dies jetzt genau richtig, den Moment und die Art und Weise gleichermaßen.

Und es fühlte sich gut und richtig an. Sie fühlte sich leicht und beschwingt in ihrem Tun und so sandte sie viele gute Gedanken an ihre Großmutter. Damit schienen die schweren Gedanken mit einem Mal völlig aufgelöst zu sein.

Und als sie fertig war, meinte sie, die Stimme der Oma zu vernehmen.

»Du hast die dritte und letzte Aufgabe gelöst, Bea.«

Und wie zur Bestätigung blinkte und blitzte der Ring an ihrem Finger, wie er es noch nie vorher bei ihr gemacht hatte, aber von nun an immer tun würde. Er strahlte in einer violetten Farbe, wie es kaum zu beschreiben war. Bea war tief ergriffen und dankbar. Ihr ganzer Körper bestand aus Freude. In jeder Zelle breitete sich unbändige Freude aus. Jubel in allen Regionen. Einfach schwer zu erklären.

Sie wusste es jetzt, sie hatte ihre dritte Aufgabe gelöst, und die hieß

LOSLASSEN.

Der Traum-Mann

Jede Frau möchte gerne in ihrem Leben den Traummann treffen. Aber was bedeutet dies überhaupt? Woher kommt der Begriff eigentlich? Was steckt dahinter?

Da müssen wir ganz zurück gehen in eine Zeit, als wir Menschen noch einen guten Zugang zu unserem Seelenleben hatten. Als wir noch daran glauben, dass es Naturgeister gibt. Als Gnome, Wichtel, Kobolde, Nymphen und Feen noch zum Alltag der Menschen dazu gehörten.

Gut, nicht alle konnten diese Wesen sehen. Aber jeder wusste doch um ihre Existenz.

So gab es in jedem größeren Dorf nicht nur den weisen Mann oder eine Heilerin. Es gab auch einen Traum-Mann. Manche Leute nannten ihn auch einen Zauberer. Aber das traf es nicht genau. Denn zaubern brauchte er nicht.

Simon war so ein Traum-Mann. Er hatte seine Hütte in einem großen Dorf. Er war allgemein anerkannt bei den Bewohnern. Alle schätzten ihn und kamen gerne zu ihm. Immer konnte er helfen – hatte er doch eine besondere Gabe.

So kam auch Barbara zu ihm, weil sie seine Hilfe brauchte. Der Heiler, bei dem sie bereits gewesen war, hatte bei ihr nichts ausrichten können. Ihr ging es wirklich körperlich und seelisch schlecht. Da war jetzt die letzte Hilfe der Gang zu Simon. Viel hatte sie schon über die Behandlungsmethoden gehört. Aber meist waren es widersprüchliche Aussagen gewesen. Die einen hatten gesagt, er würde einem tief in die Augen gucken, dann würde es einem schwindlig und man würde in Ohnmacht fallen. Andere haben behauptet, er würde einem die Hände auflegen und schon ginge es einem besser. Manche hatten gar behauptet, er würde wilde Tänze aufführen und dabei fremdartige Lieder singen. Ganz fürchterlich sei dies anzusehen gewesen. Aber es gab auch Äußerungen, dass er ganz liebevoll seinen Patienten zugehört hätte. Leise, aber eindringlich einige Ratschläge gegeben hätte, und dann sei es einem bald besser gegangen.

Barbara hatte keine Wahl. So schrecklich sich manche Aussagen auch anhörten. Da ihr bisher keiner helfen konnte, wollte sie zu dem Traum-Mann gehen.

Sie trat in seine Hütte ein. Bereits da war sie überrascht. Alles wirkte hell und freundlich. Keine dunkle, sondern eine sehr angenehme Atmosphäre herrschte hier. Es war sauber und die Kräuterbuschen, die von der Decke zum Trocknen hingen, verbreiteten einen angenehmen Geruch. Auf dem Tisch vor Simon lagen einige schöne Halbedelsteine und es gab auch eine Glaskugel. Eine angezündete Kerze stand am Tischrand und selbst diese war wohlriechend.

»Setz dich doch«, meinte Simon freundlich. Erst jetzt nahm sah sie den Traum-Mann hinter dem Tisch sitzend wahr. Sie platzierte sich direkt ihm gegenüber. Keiner der Leute hatte ihr bisher gesagt, wie jung und schön dieser Mann war. Sie hatte plötzlich Herzklopfen.

»Erzähle mir, warum du hier bist«, bat er. Sie senkte die Augen und sie hatte plötzlich das Gefühl, als wäre ihr Mund trocken. Sie brachte kein Wort hervor.

»Du bist die Barbara, nicht wahr«, sprach er sie erneut an und tat so, als würde er ihre Verlegenheit nicht bemerken.

»Ich habe dich schon öfter im Dorf gesehen«, redete er weiter.

Sie hatte sich inzwischen gefasst und hob leicht den Kopf. Er bemerkte die Veränderung sofort und sprach nicht weiter. Nun würde es von selbst gehen, dass wusste er aus Erfahrung. Und richtig, sie nahm den Blickkontakt wieder auf und erzählte, warum sie gekommen war.

In letzter Zeit war ihr immer so schwindlig. Und matt sei ihr auch, sie fühle sich richtiggehend kraftlos. Und das, wo sie doch auf dem Hof den Eltern täglich helfen musste.

Simon hörte konzentriert zu. Behutsam stellte er noch einige Fragen. Dann faltete er seine Hände vor sich auf dem Tisch und sah Barbara aufmerksam an.

»Ich habe eine Idee, wie dir geholfen werden kann«, meinte er dann. »Du weißt, ich werde Traum-Mann genannt. Das hat auch seinen guten Grund«, fügte er bedächtig hinzu. »Geh jetzt nach Hause. Auf dem direkten Wege. Halte nirgendwo an und spreche, sobald du meine Hütte verlassen hast, heute mit keinem Menschen mehr ein Wort. Das sollte dir nicht schwerfallen, es ist eh schon abends«.

Konzentriert hörte Barbara zu. Zwischendurch nickte sie bestätigend mit dem Kopf. Ja, sie würde tun, was er gesagt hatte.

Simon fuhr fort. »Lass dich also nicht aufhalten. Egal, von wem – egal aus welchen Gründen. Wenn du zu Hause bist, säubere dich noch und gehe dann ins Bett. Du wirst deine Antworten dann erhalten. Allerdings unterhalte dich auch darüber mit keinem Menschen, außer mit mir. Morgen wirst du mehr wissen und auch die Hintergründe dazu. Besuche mich morgen Abend, wenn die Sonne untergeht.«

Gebannt hatte sie dem Traum-Mann zugehört. Sie dankte ihm und versprach, morgen erneut zu kommen.

Sie tat alles, wie er es ihr geheißen hatte. Eine Freundin hatte sie aufhalten wollen, aber sie hatte abgewunken und war weitergeeilt. Die direkte Nachbarin stellte sich ihr demonstrativ in den Weg und wollte sie unbedingt sprechen. Aber sie drückte sie zwar freundlich, doch zielgerichtet aus dem Weg. Auf dem Hof angekommen hatte sie Glück und konnte gleich in ihre Kammer gehen. Sie wusch noch ihr Gesicht, kleidete sich aus und ging zu Bett. Sie war ausgesprochen müde und schlief auch sofort ein.

Kaum hatte sie die Augen geschlossen, da sah sie schon bewegte Bilder, sprich, sie träumte.

In diesem Traum erlebte sie Situationen, wie sie sie bereits im richtigen Leben erlebt hatte. Ihr wurden dabei Zusammenhänge erklärt. Sie sah Begebenheiten, wo sie selbst im Mittelpunkt stand. Hinzu kam noch, dass sie sofort alles verstand, was ihr gezeigt wurde. Die wenigen Symbole, die sie sah, konnte sie selbst sofort erkennen und entschlüsseln. Alles war »sonnenklar«, wie man so sagt.

Sie erhielt Erklärungen, die so herrlich einfach waren, dass sie sich fragte, warum sie nicht bereits von alleine darauf gekommen war.

Aber trotzdem war es nicht so einfach, was sie hier erlebte. Zwar fühlte sie sich sicher und aufgehoben. Das war nicht die Frage. Doch sie hatte Fragen gehabt, und musste sich nun den Antworten stellen. Und die kamen unmissverständlich, dies wurde hier deutlich.

Die Aussage, wo ihre Schwäche herkam und warum sie sich in letzter Zeit so unwohl fühlte, war eindeutig. Die angeblich so nette Nachbarin, die immer so um sie herum schwänzelte, war ausgesprochen neidisch auf sie. Zudem noch missgünstig und redete schlecht hinter Barbaras Rücken. Und dieses böse Weib hatte ihr einen Fluch auferlegt. Nun war Barbara einiges klar. Kein Wunder, dass selbst die Tiere ihr aus dem Weg gegangen waren.

Nach diesem erlebnisreichen Traum konnte Barbara den Rest der Nacht ruhig verbringen. Den Eltern erzählte sie nichts von dem Gesehenen und zum Sonnenuntergang ging sie erneut zum Traum-Mann.

Dieser sah ihr sofort an, dass sie ein neues Wissen mitgebracht hatte.

»Na, wie ich sehe, geht es bereits aufwärts«, äußerte er sich und lächelte dabei verhalten. »Erzähle«, forderte er sie auf. »Den Rest machen wir dann gemeinsam«.

Sie wurde ruhiger und erzählte ihm von dem Erlebten. »Ja«, sagte er bestätigend, als sie geendet hatte. »Das habe ich schon öfter gehört. Das ist kein Problem. Wenn du einverstanden bist, dann kann ich diesen bösen Schwur von dir nehmen. Das sollte gelingen. Ich brauche aber dein Einverständnis dafür«.

Das gab sie natürlich gerne. Sie musste sich in die Mitte des Raumes setzten und sollte die Augen geschlossen halten. Er hingegen tippte sie mit nur zwei Fingern an der Schulter an und murmelte einige Worte vor sich hin. Diese klangen sehr melodisch und keinesfalls angsteinflößend. Als er fertig war, durfte sie die Augen wieder öffnen. Sie fühlte sich noch etwas schwach, hatte aber das Gefühl, als würde die Energie aus dem Boden, in ihre Füße, in ihren ganzen Körper zurückfließen.

Ein faszinierendes Gefühl, wie sie fand.

Aber das war noch nicht alles. Er guckte ihr tief in die Augen. »Da war doch noch was, wenn ich mich nicht täusche?«, fragte er. Es stimmte, da war noch etwas. Wie sollte sie ihm das nur erklären? Sie nahm allen Mut zusammen, straffte den Körper, sah ihn direkt an und meinte dann: »Ja, es ist richtig. Ich habe noch etwas gesehen. Ich habe gesehen, dass wir heiraten.«

Nun war es raus. Sie hatte es gesagt. Erst schaute er erstaunt drein, dann fast ein bisschen erschrocken, bis er schließlich lächelte. Dann lachte er schallend. »Das ist gut«, meinte er. »Dann brauche ich nicht so viele Worte machen! Du gefällst mir nämlich ausnehmend gut.«

Ihr fiel ein Stein vom Herzen. Auch sie hatte sich gestern augenblicklich in Simon verliebt. Und so trafen sie sich oft, verstanden sich blendend und heirateten innerhalb eines Jahres.

Und so ist der Name Traum-Mann entstanden.

Der Maharadscha und sein Lieblingspferd

Als das Mädchen geboren wurde, gaben ihr die stolzen Eltern die Namen

Anokha Suryakanta Mohini Dilruba Desna.

Sie brauchten nicht lange darüber nachdenken, denn Suryakanta bedeutet sonnengeküsst, die von der Sonne geliebt wird, bzw. Jaspis, wertvolles Juwel.

Und Mohini besagt im indischen »die Schönste«.

Dilruba sollte bezeugen, dass sie eine Augenweide ist – hat aber auch die Bedeutung von einer Herzensbrecherin und Desna zeigte schlussendlich an, dass sie eine Gabe, ein Geschenk ist.

Doch gerufen wurde sie immer mit ihrem ersten Namen: Anokha, was so viel bedeutet wie die Einzigartige.

Anokhas Eltern hatten sich, wie gesagt, viel Mühe mit der Auswahl der Vornamen ihrer Tochter gegeben.

Das hatte auch noch einen anderen Hintergrund, über den selten – und wenn, dann auch nur ganz leise hinter vorgehaltener Hand – gesprochen wurde.

Zu dem Zeitpunkt der Geburt standen die Sterne in einer ganz besonderen Konstellation. In der Bedeutung der Sternenkundigen konnte dies etwas ganz Herausragendes bedeuten, aber eben auch ein starkes – »schlechtes« Karma.

Geschehen konnte damit so vieles im Leben des an diesem Tage und in der Stunde geborenen Kindes. Alle hofften selbstverständlich nur auf die guten Situationen, die diesem Kind geschehen sollten, aber die alten weisen Männer wussten sehr wohl um die Zweischneidigkeit dieser besonderen Konstellation.

Das einzig Gute dabei war, dass es, auch wenn Unglück dieses Menschenskind ereilen würde, es schlussendlich doch auch noch gute Aspekte gab. Die könnten dann zu einem immerhin glücklicheren Ende führen in eventuell bedrohlichen Situationen eines solchen Horoskopeigentümers.

Und so wurde dem Kind zwar einmal im Alter von sechs Jahren ein Hinweis auf die Besonderheit ihres Geburtstermins gegeben, aber Details wurden ihr nicht mitgeteilt. Man hoffte, sie hiermit zu schützen und drohendes Unheil nicht herbeizureden.

In diesem Bewusstsein und dem hohen Stand entsprechend wuchs Anokha auf. Behütet von der Familie – aber auch nach den strengen Regeln, die seit etlichen Generationen in den hoch angesehenen Familien gepflegt wurden und traditionell eingehalten werden mussten.

Sie gehörten halt der höchsten Kaste in Indien an.

Schon früh wurde sie von ihren Eltern angehalten, den Sari genau nach den alten Vorgaben zu wickeln. Wobei sie – ihrem Stande gemäß – die Variante von 9 m langem Tuch bevorzugten. Niedrigere Stände nahmen das Tuch nur mit ca. 6 m und die waren auch einfacher gewebt. Dort musste einfaches Leinen oder Baumwolle reichen. Während Anokha nur die feinsten Seidenstoffe mit den herrlichsten Bordüren zur Verfügung standen.

Und die Choli, die feste Bluse, die am Oberkörper vorne geknöpft wird, musste immer die Farben ihrer Dynastie haben. Das hieß auch, dass sie von eigens dafür ausgebildeten Näherinnen gefertigt wurden.

Das Schultertuch, auch Pulllu genannt, wusste Anokha schon bald äußerst dekorativ zu gestalten. Darin brachte sie es wahrlich zu einer Meisterin.

Sie war bedacht darauf auch, wie ihr Name es schon ein bisschen verriet, die Schönste zu sein. Sie hatte einen guten Charakter, keine Frage. Sie war anmutig und schön anzusehen. Sie bewegte sich elfengleich und schwebte geradezu über den Boden. Und sie hatte herrliches schwarzes Haar. Dies reichte ihr bereits in jungen Jahren bis zu den wohlgeformten Beinen.

Aber sie war, und das verstärkte sich im Laufe ihres Lebens immer mehr, sehr eitel.

Und auch hier verriet ihr zweiter Vorname ihre Leidenschaft. Sie schmückte sich gerne. Und dies nicht nur mit den ausgefallensten Saris, nein, sie hatte eine große Vorlicbc für Schmuck und Gcschmeide.

Es konnte ihr hier nicht ausgefallen genug sein. Ein Glück, dass ihre Eltern vernarrt genug in sie waren, um ihr auch die größeren Wünsche zu erfüllen.

So besaß sie mit 16 Jahren bereits eine ansehnliche Kollektion an Edelsteinen und Juwelen. Sie brauchte keinen Vergleich mit anderen hohen Häusern zu scheuen.

Die edelsten Broschen und Haarklammern gehörten zu ihrer Sammlung, die bald weit über diesen Teil Indiens bekannt wurden.

Große Perlen konnte sie ihr Eigen nennen, und wenn sie in die Paläste der Nachbarregionen eingeladen wurde, so waren ihre Auftritte bald legendär.

So war es auch nicht verwunderlich, dass dieser Ruf auch dem Maharadscha Naresh Prakash Satinderjit Shahrukh Singh zu Ohren kam.

Auch seine Eltern hatten die Namen mit Bedacht und viel Überlegung gewählt.

Naresh alleine bedeutet schon Herrscher bzw. König. Und mit Prakash wiesen sie ihm den Weg, denn er bedeutet: der Glänzende, der Leuchtende. Satinderjit heißt indes der »Sieg Gottes der Wahrheit« und mit Shahrukh verstärkten sie noch die anderen Aussagen, nämlich: der Mann mit dem königlichen Gesicht.

Der letzte Name, nämlich Singh, den tragen alle Männer. Dieses bedeutet einfach, dass es sich um einen Mann handelt.

Und er machte diesen Namen alle Ehre. Er war von königlichem Blut und hatte eine hervorragende Ausbildung genossen. Zusammen mit seiner ehrlichen und freundlichen Art war er ein richtig guter und willensstarker Maharadscha. So, wie ihn sich ein jedes Volk nur wünschen konnte.

Als diese beiden sich auf einem Fest im Palast des Maharadschas trafen, war es sofort um sie geschehen. Sie verliebten sich in den ersten Minuten, da sie sich gesehen hatten. Und der Maharadscha sah nicht nur die eitle kleine Person, nein, er konnte hinter alle dem Glitzer und all des Schmuckes auch die Seele der noch jungen Anokha sehen.

Er ließ sich also nicht von den aufwendig gefertigten Tüchern blenden. Er sah ihr in die Augen und erkannte, dass dies die richtige Frau für ihn war.

Diese oder keine. Das wusste er sofort.

Und keine Bedenken der Familie, die den eitlen Fratz sahen, konnten ihn von diesem Entschluss abbringen.

Ein Blick in ihre Augen, so sagte er immer wieder, und er konnte ihre Seele erkennen. Und diese wollte er in seiner Nähe haben. Von jetzt an und immer, bis zu seinem Lebensende. So sprach er und setzte sich gegen die familiären Widerstände durch.

Und auch Anokha war von dem jungen Mann, dem Maharadscha, sehr angetan. Natürlich wollte sie gerne seine Maharani werden. Sie war sich aber der tatsächlichen Tragweite zu diesem Zeitpunkt noch nicht bewusst.

So kam es, wie es der Maharadscha wollte. Er wünschte Anokha zu heiraten. Das Heirats-Zeremoniell war in diesen Kreisen vorgegeben. Nur das Datum, das sollte mit viel Umsicht ausgesucht werden.

Die verschiedensten Weisen im Lande wurden dazu befragt und auch die Sternenkundler machten ein gutes Datum für die Heirat ausfindig.

Was Anokha derweil nicht wissen konnte, die Astrologen warnten den Maharadscha eindringlich vor dieser Beziehung.

Denn auch sie hatten die Daten von Anokha genauestens berechnet und die kritischen Aspekte waren allen sofort aufgefallen. Auch sie entdeckten zwar, dass Karma und Unglück sich zum Guten wenden konnten, aber sie wollten ihren Herrscher doch keiner noch so kleinsten Gefahr aussetzen.

Der Maharadscha hörte sich die Einwände in Ruhe an, erwägte diese kurz, aber seine Entscheidung blieb. Er würde Anokha heiraten, komme was da wolle. Und gegebenenfalls kleine Tiefen würden sie schon gemeinsam lösen können. Davon war er mit seiner ganzen Seele überzeugt.

Es gab ein prunkvolles Fest, welches einige Tage dauerte und ebenfalls über die Region hinaus bekannt wurde. Noch nie zuvor hatte es so eine große Hochzeit gegeben.

Von nun an überschüttete Naresh seine junge Frau mit Geschenken. Jeden Tag überraschte er sie mit einer Aufmerksamkeit, sei sie klein oder auch groß.

Und sie liebte ihn, nicht nur dafür, aber natürlich auch deswegen.

Sie waren beide glücklich miteinander.

Die Liebe von Naresh zu seiner Frau ließ nicht nach. Jedoch erkannte er mit der Zeit, dass der Schmucktrieb seiner Frau eher noch größer wurde. Er hatte gedacht, dass dies mit den Jahren vielleicht ein bisschen nachließ oder weniger werden würde. Doch eher das Gegenteil war der Fall.

Gut, er hatte keine Not zu leiden, aber er wurde doch ein bisschen besorgt. Gerne wollte er sie vorsichtig in die seiner Meinung nach bessere Richtung lenken, doch der kleinste Ansatz, den er in diese Richtung machte, löste bei Anokha wütende Proteste hervor.

Tagelang ließ sie ihn dann spüren, dass sie böse war. Und von dem guten, lieben Charakter war dann in dieser Zeit nichts mehr zu spüren. Im Gegenteil: zu ihren Bediensteten war sie dann scheußlich und ungerecht. Sie beschimpfte diese für Kleinigkeiten und war wirklich unausstehlich. Das war insofern auch schwierig, da sie als Maharani natürlich auch öffentliche Auftritte und Pflichten zu erfüllen hatte. An seiner Seite hatte sie diese Aufgaben zu erfüllen – und zwar klaglos.

Das brachte nun wirklich einige Schwierigkeiten mit sich.

Und so entschloss sich der Maharadscha, das nächste Mal konsequent zu seiner Frau zu sein. Er würde nicht mehr nachgeben wollen.

Sollte die Maharani erneut nach den großen Juwelen in der Schatzkammer greifen wollen, so würde er ihr diesmal die Zusage und Gunst verweigern.

Es musste einmal Schluss sein, so nahm er sich das fest vor.

Und wirklich, es dauerte nicht lange, da kam die Maharani zu ihm. Sie umschmeichelte ihn und bat ihn um die drei größten Rubine, die er in der Schatzkammer hatte. Zudem wollte sie auch noch die Diamanten und Lapislazuli haben, um sich ein einzigartiges Geschmeide für ihre Fesseln machen zu lassen.

Doch alles Schmeicheln und Flehen hatte diesmal keinen Sinn. Sie hatte keinen Erfolg. Er blieb hart in seiner Entscheidung. Dieses Mal wollte er ihr nicht nachgeben und begründete dies damit, dass er diesen Schmuck eh veräußern wollte, um in seiner Provinz dringende Arbeiten voran zu treiben. Es handelte sich um ein großes Projekt, welches mit Wasser zu tun hatte. Soviel hatte sie verstanden, aber es nicht eingesehen.

Sie mutmaßte, dass es ihm an Liebe ihr gegenüber mangelte. Sie wurde sogar so böse, wie sie es noch nie zuvor gewesen war.

Anokha hatte wirklich nicht verstanden, wie Ernst es ihrem Angetrauten diesmal mit seiner Entscheidung war. In den nächsten Tagen versuchte sie es immer wieder erneut, ihren Mann zu erweichen. Jedoch es wollte ihr nicht gelingen.

Eher im Gegenteil. Je mehr sie bat und auch alle ihre Reize einsetzte, desto hartnäckiger verweigerte ihr Gatte die Zusage.

So etwas hatte sie noch nicht erlebt. Noch nie hatte ihr jemand etwas abgeschlagen. Das konnte und vor allen Dingen wollte sie nicht verstehen.

Und aus dem anfänglichen Ärger in ihrem Herzen wurde richtiger Groll. Sie kannte sich selber nicht wieder, konnte aber ihre Gedanken nicht mehr umkehren.

Zu viel Böses hatte sich bereits in den Adern ausgebreitet. Sie erkannte sich selbst kaum. Das hatte es noch nie gegeben in ihrem Leben.

Ihre Augen verloren den Liebreiz und den Glanz. Ganz kalt und streng schaute sie nun in ihre Umwelt.

In diesem Zustand ist es natürlich für negative Strömungen und Neider ein Leichtes, dieses Gewirr an Gefühlen noch tiefer werden zu lassen.

Und so kam es, wie es scheinbar kommen musste.

Im Palast des Maharadschas arbeitete ein Bediensteter, der ohnehin für seine schlechte Ausstrahlung bekannt war.

Es war Irshalu mit den grünen Augen. Und auch hier hatte er den Namen mit Leben gefüllt.

Es bedeutet nämlich im indischen: der Grünäugige, der Neider und Gramerfüllte. Leider erfüllte er wirklich sämtliche Kriterien dieses Namens.

Und wäre er nicht so gut in seiner Arbeit gewesen, so hätte er den Hof sicher schon vor langer Zeit verlassen müssen. So aber war er anerkannt wegen seines Wissens, jedoch wegen seiner Art gingen ihm die Meisten aus dem Weg.

Er jedoch hatte einen sechsten Sinn für die schlechte Laune der anderen und schürte dies leidenschaftlich. Es war, als würde er sich seelisch davon ernähren. Denn je größer der Streit, desto befriedigter war er.

Und so kam es zu der schicksalsträchtigen Begegnung zwischen der Maharani und ihm. Er hatte schon lange mitverfolgt, dass das Paar offenbar in Schwierigkeiten war, und so lediglich auf eine – für ihn günstige – Gelegenheit gewartet. Und nun schien sie gekommen zu sein.

Auf dem Hof begegneten sich die beiden unverhofft. Sie war gerade auf dem Weg zu den Stallungen gewesen.

Sie wollte sich den besten Hengst vom Maharadscha ausleihen. Sie konnte gut reiten, gar keine Frage.

Aber sie wusste, es würde ihren Mann zur Weißglut bringen, wenn sie sich eines seiner Lieblingspferde heraussuchte und ausritt. Und genau das wollte sie, sich ein bisschen an ihm rächen.

Und mit diccer Ausstrahlung traf sic auf Irshalu.

Sie wusste, dass er nicht zu dem guten Gefolge ihres Mannes gehörte. Aber in diesem Moment war sie einfach verblendet und wusste nicht mehr, wo ihre Grenzen waren.

Sie begrüßte ihn daher ebenfalls freundlich und ließ sich – leider – auf ein Gespräch mit ihm ein.

Er, Irshalu, nutzte diese einmalige Gelegenheit. Er spürte ihre Wut und konnte sich diese negative Energie sofort zu Nutze machen. Nichts ist leichter, als in einen Menschen und in sein Herz einzudringen, wenn er gerade wütend und ungerecht ist.

Es war also ein Leichtes für ihn. Geschickt setze er noch seine Fähigkeit der Hypnose ein. Er sah sofort an den Augen der Maharani, dass sie ihm gerade willenlos folgen würde. Er schmeichelte ihr, und das tat ihr sichtlich gut. Er machte ihr Komplimente – und erreichte damit den restlichen Zugang zu ihrer Seele. Und auf die Frage, ob sie sich denn an dem Maharadscha für die Schmach, die sie vermeintlich erlitten hatte, rächen wollte, stimmte sie vorbehaltlos zu.

Welch ein Triumph für Irshalu. Auf diesen Moment hatte er lange gewartet.

Er könnte sich an dem Maharadscha rächen und gleichzeitig die Maharani aus dem Hof drängen. Er hatte sich in den letzten Tagen nämlich einen teuflischen Plan ausgedacht. Es war alles so einfach.

Gut, meinte er zu der Maharani. Er könne ihr helfen. In den Augen von ihr sah er noch einen kleinen letzten Zweifel aufblitzen, aber selbst den konnte er ausräumen. Gewinnend hielt er einen kleinen Flakon hoch. Wenn sie dies trinken würde, so würde sie kurzzeitig erkranken und ihren Gatten in Aufregung versetzen. Sicher würde er ihr dann, nach der Genesung, wieder jeden Wunsch von den Lippen ablesen. Und die teuersten Geschenke würden wieder in Reichweite kommen. Sie müsste halt nur mit ihm in die Stallungen kommen, diese Medizin trinken und alles würde sich fügen, wie sie es wollte. Alles würde danach ganz anders sein.

Er war ein Meister seines Faches und die Hypnose ließ sie wirklich freiwillig mitgehen und die vermeintliche Medizin trinken.

Zur selben Zeit verdunkelte sich der Himmel. Es schien, als würde der Himmel spüren, das hier etwas Unrechtes geschehen würde. Es blitzte und donnerte und von einem Moment zum anderen veränderte sich das Wetter. Ein

Sturm zog auf und es erschien, als seien die Wolken erst schwefelgelb, bevor sie kohlrabenschwarz wurden.

Der Wind peitschte durch den Hof und die Bediensteten hasteten in den Palast. Regen goss unvermittelt aus den Wolken und sofort stand das Wasser im Hof herinnen.

Es tat einen lauten Schlag und ein Blitz erhellte in die Stallung.

In diesem Moment hatte die Maharani die vermeintliche Medizin ausgetrunken. Und im selben Moment war sie nicht mehr zu sehen.

Der Blitz war gerade vergangen, als der Donner hinterdrein krachte und an der Stelle, wo eben noch die Maharani gestanden hatte, stand ein Pferd. Eine Stute, ein herrliches Tier, aber von der Maharani keine Spur mehr. Nur diese aufgeregte Stute. Die sich aufbäumte und vor der Irshalu stand.

Dieser wusste von der Verwandlung und begab sich schnell in Sicherheit vor den Hufen des aufgeregten Tieres.

Hämisch lachte er, als er die aufgerissenen Augen des Tieres, der Maharani, sah. Ja, dieses Spiel hatte er gewonnen, da war er sich sicher.

Geschickt buchsierte er das aufgeregte Tier in eine Box. Er verriegelte die Tür und verließ die Stallungen.

Da würde ihm keiner drauf kommen, meinte er. Wer würde denn schon ahnen, dass dieser Teufelstrank die Frau des Maharadschas verwandelt hätte. Ein gut ausgedachter Plan, sicher.

ABER er hatte nicht mit dem ausgeprägten sechsten Sinn des Maharadschas gerechnet. Der Herrscher hatte sehr wohl mitbekommen, was seine Frau ursprünglich geplant hatte. Nämlich mit einem seiner Lieblingshengste auszureiten – nur um ihn zu ärgern.

Irshalu hatte ihn bei diesem Unwetter nicht bemerkt. Er hatte sich doch zu sehr auf die Maharani konzentriert gehabt. So hatte sich der Maharadscha von allen unbemerkt in die Nähe schleichen können. Naresh konnte gerade noch sehen, wie seine Frau das Gift an die Lippen gesetzt hatte. Jedoch verhindern konnte er es nicht mehr.

Die Umwandlung hingegen hatte er verfolgen können. Nur seiner guten Ausbildung war es zu verdanken gewesen, dass er nicht sofort eingeschritten war.

Nun war es geschehen. Ihm würde nur noch bleiben, einen Weg zu finden, um dieses Unglück und Unrecht wieder rückgängig machen zu können. Nur deshalb ließ er für den Augenblick den bösen Untertanen ziehen und in dem Glauben, es gebe keinen Zeugen dieser schrecklichen Tat.

Sobald Irshalu in den Palast zurückgeschlichen war, huschte der Mahardscha zu der Stute – seiner Frau. Und es war fast unheimlich, der Maharadscha brauchte nur in die Augen der Stute sehen und er erkannte sofort das Seelenleben seiner geliebten Frau. Auch die Mähne des so stolzen Tieres ließ ihn sofort an die herrlichen langen schwarzen Haare seiner Frau denken. Es war unverkennbar – dies war seine verwandelte Frau. Er war sich sicher, auch ohne den schrecklichen Vorgang gesehen zu haben, dass er sie erkannt hätte.

Sie indes konnte sich nicht weiter äußern, sie hatte ja keine Sprache mehr. Ihre Augen waren aufgerissen, sie rollte sie so sehr, dass das Weiße zu sehen war.

Immer wieder sprach Naresh beruhigend auf sie ein. Er würde schon einen Weg finden, dies wieder rückgängig zu machen. Sie solle nur Geduld haben.

Langsam konnte er auf sie einwirken. Die Nüstern blähten sich nicht mehr ganz so und auch das Zittern der Flanken ließ nach. Sie wurde etwas ruhiger. Sie drängte sich an Naresh. Ach, hätte sie doch nur nicht diesen Groll auf ihn gehabt und sich in so eine Situation gebracht. Indes, es war einfach zu spät. Nun war das Unglück geschehen.

Er streichelte ihr den Hals und flüsterte ihr weiter beruhigende Worte ins Ohr. Er versprach ihr, den Schuldigen sofort verhaften zu lassen. Und dann müsste er nur noch von Irshalu den Zaubertrank erhalten, der sie wieder in die Frau, in seine Frau, zurückverwandeln würde.

Und dann raunte er ihr noch zu, er gäbe ihr einen neuen Namen. Von nun an würde er sie Mayuri rufen. Denn am Hofe soll keiner ihr Geheimnis kennen. Nur seine engsten Vertrauten sollen davon zu wissen bekommen, nur die Menschen, die Irshalu verhaften und das Geheimnis der Zurücknahme des schrecklichen Zaubers von ihm erhalten sollten.

Er rief den höchsten Bediensteten des Stalles zu sich und ordnete an, dass dieser auf dieses Pferd ab sofort besonders zu achten und mit seinem Leben dieses Tier zu beschützen habe. Eine weitere Erklärung gab er aber nicht.

Damit ließ er sie alleine, um die nächsten Schritte zu veranlassen. Ihr jedoch war zum Weinen zu mute. Sie wusste nämlich genau, was der Name Mayuri bedeutete. Er hieß weiblicher Pfau. Genau das war sie. Über ihre eitle Seite war sie gestolpert und in diese schreckliche Not gekommen. Tränen des Selbstmitleids flossen aus den großen

Augen des Pferdes. Dann beruhigte sie sich aber wieder. Sie hatte doch Glück im Unglück, dachte sie sich. Ihr Gatte hatte den Vorfall mitbekommen und würde nun nach der Lösung suchen. Und in wenigen Stunden wäre sie wieder zurückverwandelt. Dann könnte sie alles schnell vergessen und alles wäre wie vorher. Nur besser.

Damit tröstete sie sich.

In der Zwischenzeit hatte Naresh seine engsten Vertrauten zu sich gerufen. Er verriet ihnen die ungeheuerliche Wahrheit und veranlasste ebenfalls die Verhaftung und Vorführung des Zauberers.

Da dieser sich so sicher gefühlt hatte, war das auch nicht schwierig gewesen. Die große Aufgabe hingegen kam danach.

Denn Irshalu gab zwar schnell zu, die Verzauberung der Maharani mittels eines Zaubertrankes veranlasst zu haben, aber eine Rückkehr in die menschliche Gestalt? Nein, darüber wüsste er nichts. Hier hatte er kein Gegenmittel. Da er dies auch nie in Betracht gezogen hatte, hat er sich nie die Gedanken darüber gemacht. So war an eine kurzfristige Rückkehr der Maharani nicht zu denken.

Und so viel Druck auch auf Irshalu gemacht wurde, es gab keine Lösung. Es wurde kein Gegenmittel gefunden.

Dem Maharadscha blieb nichts weiter übrig, als dies erst mal als Situation anzuerkennen.

Jeden Tag besuchte er seine Frau – mittlerweile als Lieblingspferd im Palast bekannt.

Täglich musste er Mayrui trösten und vor allen Dingen vertrösten. Er wollte seine Frau wieder glücklich sehen. Und so hatte er eine besondere Idee.

Er wusste ja, wie sehr sie Schmuck und Geschmeide liebte. Und so ließ er den Hofjuwelier kommen und gab diesem eine spezielle Aufgabe. Jeden Tag sollte er ihm eine Besonderheit aus den Juwelen und Steinen machen.

Er wollte das ganze Zaumzeug in den edelsten Varianten haben. Egal, ob es die Trense war oder der Sattel.

Alles sollte aus den feinsten Juwelen bestehen, aus Gold und Silber. Ob Troddeln oder die Zügel! Egal, aber alles sollte das bisher so kunstvolle Leder ersetzen. Sein Lieblingspferd sollte strahlen, wie es noch nie die Welt – oder ein Pferd – zuvor gesehen hatte.

So ging er jeden Tag in den Stall und brachte seiner Frau – seinem Lieblingspferd – ein Geschenk mit.

Am ersten Tag war schon eine kleine Trense fertig.

Neugierig – und auch mit glänzenden Augen – betrachtete Mayuri das Mitgebrachte. Denn sie war zwar nun ein Pferd, aber die Eitelkeit war natürlich immer noch vorhanden. Stolz ließ sie sich auf die Weide bringen, und als sie in einer Pfütze ihr Antlitz sehen konnte, war sie reichlich geschmeichelt.

Ja, sollte ihr Gatte doch zusehen, was er tun konnte. Immerhin war das doch alles nur passiert, weil er ihr den Beinschmuck verweigert hatte.

So dachte sie immer noch am Anfang.

Gerne wäre sie wieder in ihre menschliche Gestalt geschlüpft. Das musste sie schon zugeben. Aber dieser tägliche Besuch und die Geschenke machten ihr auch Freude.

Der Maharadscha hingegen wurde mit jedem Tag trauriger und auch verzweifelter. Aus dem Zauberer war wirklich keine Informationen herauszubekommen. Dieser schien wirklich nicht zu wissen, wie eine Umkehr möglich war. Die schlimmsten Strafen waren ihm angedroht worden, doch es half nichts.

Die Astrologen, die schon bei dem Datum der Hochzeit involviert waren, wurden zu Rate gezogen. Doch auch sie wussten keinen Rat. Das Einzige, was sie immer wiederholen konnten, war, dass es möglicherweise gut ausgehen könnte. Aber wie genau das vonstatten gehen sollte, das vermochten sie nicht zu sagen.

Im Palast hatte man die Abwesenheit der Gattin mit einer Abreise erklärt. Das schienen die Bediensteten auch zu glauben. Nur dass der Maharadscha nun eine so besondere Beziehung zu einem seiner neuen Stuten hatte, das fanden doch viele seltsam.

Jeden Tag ritt er mit dem – zugegebenermaßen schönen Pferd – aus. Und jeden Morgen brachte er ein neues Schmuckstück in den Stall.

Der Juwelier hatte bereits einige Helfer, sonst wäre die tägliche Bestückung gar nicht möglich gewesen.

Jeden Tag musste er etwas abliefern. Und ein Stück hatte schöner zu sein als das andere. Eine schwierige Aufgabe war das.

Zum Geburtstag der Gattin hatte er sich etwas Spezielles ausgedacht. Für die Fesseln seiner geliebten Stute hatte er nun wundervolle Gamaschen fertigen lassen.

Sie waren wirklich einzigartig geworden. Die wunderbarsten und reinsten Steine waren hier verarbeitet worden.

Es glitzerte und funkelte, es war eine wahre Pracht.

Mit diesem Geschenk kam er zu seiner Frau. Und sie war gerührt von diesem Geschenk. Ja, war das nicht der Anfang gewesen? War es nicht genau das, was sie damals gewollt hatte? Nun, als Pferd wurde ihr dieser Wunsch erfüllt. Stolz ließ sie sich diese Art von Bandagen anlegen.

Wie kühl sich das zuerst anfühlte. Dann aber sah sie an sich herunter. Herrlich sahen ihre Fesseln aus. Geschmückt, wie es noch nie ein Pferd zuvor gewesen war.

Sie tänzelte leichtfüßig und etwas nervös hin und her.

Schön waren sie ja, aber auch ein bisschen einengend, fand sie. Aber sie würde sich schon daran gewöhnen.

Doch an jedem Tag brachte der Gatte wieder und wieder Geschenke mit. Einmal ein Netz aus feinstem Gold mit vielen hundert kleinen Diamanten dran. Das wurde ihr als Schwanzschmuck um den Schweif gebunden.

Und dann wieder eine neue Decke, die unter dem prachtvollen Sattel liegen sollte. Auch hier zwar die feinste Seide, aber mit so vielen verschiedenen Juwelen bestickt, dass es ihr richtig schwer wurde auf dem Rücken.

Das Zaumzeug mochte sie schon gar nicht mehr so gerne. Zu starr fand sie das Goldgeflecht mit den Steinen.

Als dann der Gatte noch mit den neuen Steigbügeln kam, zuckte sie bereits entsetzt zurück. Nein, das wollte sie eigentlich nicht mehr haben.

Doch der Maharadscha hielt diese Reaktion eher für eine Art Schüchternheit. Dass seiner Frau einmal Schmuck und Edelsteine zu viel werden würde, das bedachte er keine Sekunde lang.

Und so wurde jeder Tag und jedes Geschenk für Mayuri nur noch zu einer Tortur. Keine Freude empfand sie mehr bei diesen Geschenken. Nein, sie wollte keine Gaben mehr – und vor allem keine mehr aus Edelsteinen.

Sie wollte wieder seine Frau sein, seine richtige Frau und nicht mehr in diesem Pferdekörper sein.

Der so prachtvolle Sattel scheuerte nur und es fühlte sich an, als ob er immer schwerer und schwerer würde.

Nichts konnte sie mehr trösten. Die Versuche, den Zauber umzukehren, schienen immer ins Leere zu laufen. Keiner wusste einen Rat.

Sämtliche Kräuter und Tinkturen, die sie bekommen hatten, konnten keine Umkehr des Zaubers bewirken. Auch die seltsamsten Rituale und Schwüre hatten nichts ändern können. Es war zum Auswachsen.

Sie wollte nur noch zurück. Zurück in ihr altes Leben. Sie schwor sich, wieder ganz lieb und zahm zu sein.

Doch auch diese Schwüre in ihrem Kopf änderten nichts an der Situation.

Sie war verzweifelt, doch verändern ließ sich nichts.

Jeden Tag aufs Neue kam ihr Mann mit neuerlichen Geschenken. Eines sicher schöner als das andere, aber auch schwerer und unangenehmer.

Nun waren inzwischen bereits einige Monate vergangen und sie wurde immer schwächer. Sie hatte auch keine Freude mehr und keinen Spaß.

Der Maharadscha brachte sie auf die schönsten Weiden und sprach ihr jeden Tag erneut Mut zu. Aber sie wurde inzwischen von einer Schwermut gefangen, die er nicht mehr zu durchbrechen vermochte.

Ihre Augen waren nicht mehr so strahlend. Die so schöne glänzende Mähne wurde immer stumpfer. Ausritte gab es so gut wie keine mehr und das stolze Tier wurde schwächer und schwächer.

Die Hoheit wusste sich keinen Rat mehr. Schon lange schmückten die Knechte das Lieblingspferd nicht mehr. Es hatte keinen Sinn.

Und eines Tages rief man aufgeregt nach dem Maharadscha. Mayrui lag im Stroh, seufzte nur noch leicht, es war eher ein leichtes Röcheln als ein Wiehern.

Der Gatte stürzte in die Box und legte sich neben seine Frau. Er streichelte sie und immer wieder sprach er leise auf sie ein.

»Verlass mich doch nicht, mein Stern. Du bist das Liebste, was ich habe.«

Leise schnaubte sie und blies die Nüstern auf.

Er sprach erneut: »Ich wusste, dass wir ein Karma miteinander zu lösen haben. Doch ich war mir sicher, dass wir eine Lösung für uns finden würden

Keiner meiner weisen Männer weiß einen Weg für uns, wir werden ihn selber finden müssen«, sprach er weiter. »Deine Eltern haben mir erzählt, dass du als Kind darüber aufgeklärt wurdest, dass es eine Besonderheit in deinem Horoskop gibt.«

Sie blinzelte. Stimmt, jetzt, wo er das so sagte, erinnerte sie sich. Sie musste so um das sechste Lebensjahr herum gewesen sein. Und während er noch weitersprach und sie und sich beruhigen wollte, da fiel es ihr wieder ein. Ja, da hatten sie die Eltern beiseite genommen und von einem möglicherweise eintretenden Unglück gesprochen. Je mehr sie darüber nachdachte, desto besser konnte sie sich erinnern. Wie war das doch noch genau gewesen? Sie schüttelte sich leicht und sie zuckte. Sie musste aufstehen. Mühsam stemmte sie sich in der Box hoch.

Der Maharadscha wunderte sich zwar, half ihr aber ein bisschen und stand an ihrer Seite. Irgendetwas veränderte sich gerade. Das war ihm klar, auch wenn er nicht wusste, was genau sich hier gerade abspielte.

So stand sie, etwas wacklig zwar, aber sie stand in der Box.

Sie schmiegte ihren Hals an den Kopf ihres Mannes.

Nachdenken, befahl sie sich. Ich muss nachdenken. Irgendetwas hatte damals der eine alte Sternendeuter gesagt.

Wie war das noch mal?

Er hatte ihr eine mögliche Lösung gesagt. Es war ein seltsamer Satz gewesen. Die Worte waren nicht einfach gewesen, daran erinnerte sie sich.

Und der weise Mann hatte sie gezwungen, die Worte mehrfach zu wiederholen. Damit sie sie nicht vergessen sollte. Wie war das doch? Sie musste sich konzentrieren. Könnte das die Lösung sein? Die Lösung aller jetziger Probleme? Sie wurde ganz nervös.

Beruhigend legte der Maharadscha die Hände auf ihren Körper. Sie erzitterte dabei leicht.

In Gedanken versetzte sie sich in die damalige Situation.

Der weise Mann hatte vor ihr gestanden. Sie hatte gesessen und gelangweilt die Worte mehrfach wiederholt.

Oh, hätte sie doch nur mehr aufgepasst. Sie fing an, sich zu ärgern. Nein, ermahnte sie sich, nicht ärgern. Das bringt nichts.

Nochmals die Situation heraufbeschwören.

Also noch mal: Sie saß vor ihm. Was hatte sie noch gemacht?

Ach ja, als er mit ihr geschimpft hatte – sie war unaufmerksam gewesen – da hatte sie ihm auf den Mund geschaut.

Richtig, das könnte ihr jetzt helfen.

»Erinnere dich«, forderte sie sich selbst auf. »Wie hat er die Lippen bewegt?«

Erneut sah sie diesen Moment vor sich und der alte Mann schien ihr jetzt ganz lebendig zu sein.

Konnte es sein? Dass er ihr jetzt nach all den Jahren – bestimmt war er schon tot – hier erscheinen könnte?

Egal, sie wollte sich nur noch daran erinnern, wie die Worte waren, die ihr jetzt helfen könnten.

Und plötzlich war ihr, als höre sie die Worte in ihrem Kopf. Das ist ja faszinierend, dachte sie noch. Aber sie hörte genau zu und wiederholte diese fremd klingenden Worte und Sätze. Genau so war es!

Sie hielt kurz inne – und begann dann erneut Wort für Wort in ihren Gedanken zu wiederholen.

Es waren nicht viele, aber sie spürte genau, dass sich eine Veränderung in ihrem Körper breitmachte. Es summte in ihrem Körper, sie zuckte. Der ganze Körper bewegte sich eigenartig. Sie spürte jeden einzelnen Muskel und ihr wurde ganz eigenartig. Wieder musste sie sich hinlegen – zum Stehen hatte sie keine Kraft mchr. Sic übcrlcgtc: Hatte sie wirklich den ganzen Wortlaut des Zauberspruches und der Lösung aller Probleme wiederholen können? Sie wusste es nicht. Sie bemerkte noch die erschrockenen Augen ihres Mannes, als ihr bereits schwarz vor Augen wurde.

»Gut«, dachte sie, »das sollte wohl nicht sein. Ich habe dich so geliebt, lieber Naresh«, sprach sie noch in Gedanken. »Gerne wäre ich dir eine bessere Frau und Maharani gewesen. Schade, dass ich dazu nicht mehr die Gelegenheit haben werde. Vielleicht sehen wir uns in einem anderen Leben. Hoffentlich erkenne ich dich dann ... oder du mich. Du hast mir immer gesagt, an meinen Augen würdest du mich immer wieder erkennen, meine Seele sehen. Vielleicht haben die Götter ein Einsehen und ich kann alles wieder an dir gut machen«. Dann schwanden ihre Sinne.

Neben ihm lag der Maharadscha und weinte bittere Tränen.

Er hatte die Hände in der Mähne des Tieres vergraben und die Augen inzwischen geschlossen.

Nein, er wollte nicht sehen, dass sie tot war.

Sein Körper zuckte beim Weinen und seine Hände vergruben sich weiter in den Haaren.

Er löste die Finger und streichelte weiter das Haar. Immer wieder glitten seine Hände über das schwarze Haar. Es war schon seltsam, fand er. Es fühlte sich an wie früher. Wie früher, als er über den Kopf der Geliebten Gattin gefahren war. So musste also das Ende sein?

Er hatte an der Seite des Tieres gelegen. Er bemerkte, dass die Temperatur sich verändert hatte. Auch schien es, als wenn es, ja, »weniger« würde. Kann ein Pferd schrumpfen, wenn es stirbt?, dachte er noch.

Er blinzelte. Dann erschrak er, schloss die Augen erneut um sie dann wieder ganz aufzureißen.

Neben ihm lag nicht mehr Mayuri, sein Pferd! Es lag dort eine zierliche weibliche Gestalt. Er rieb sich die Augen. Seine Hände hatten tatsächlich die Haare der Frau berührt gehabt. Meine Güte, konnte es wirklich sein? War das seine Frau, seine über alles geliebte Frau?

Und tatsächlich, es war die Maharani, seine geliebte Frau, die dort im Stroh lag. Und sie lebte! Der Brustkorb hob und senkte sich.

Er hob sie hoch und drückte sie an sein Herz. Auch ihr Herz spürte er durch den Stoff hindurch schlagen. Sie lebte. Sie war wieder ein Mensch und sie lebte.

Ein Wunder war geschehen. Er hatte seine geliebte Gattin wieder. Wie das geschehen war, war erst einmal nicht so wichtig. Das würde sie ihm vielleicht noch verraten. Aber er hatte sie wieder. Und er würde mehr als sonst auf sie aufpassen, das schwor er hier in diesem Moment.

Und auch sie hatte etwas gelernt und sich geschworen.

Sie war so glücklich über diese zweite Chance in ihrem Leben mit dem Maharadscha.

Der Wesenszug der Eitelkeit war inzwischen gänzlich von ihr abgefallen. Sie achtete zwar sorgsam auf ihr Äußeres, aber nur, weil der Stand und ihre Aufgaben als Gattin dies verlangten.

Schmuck und Edelsteine reduzierte sie erheblich. Die Schatzkammern füllten sich mit ihrem ehemaligen Schmuck.

Nie wieder wollte sie in diese alte Rolle zurückfallen.

Dankbar und glücklich verliefen die nächsten Jahrzehnte der beiden Hoheiten.

Es war eine besonders glückliche Ehe, die noch reichlich Kinder mit sich brachten.

Diese Ehe ging in die Geschichte von Indien ein.

Und der Schmuck des Pferdes wurde legendär und wurde ausgestellt, damit jeder Mensch der Erde dies ansehen konnte.

Zum Gedächtnis an einen liebevollen Ehemann und zur Mahnung, nicht zu eitel zu sein.

Danksagung

Für mich war es immer spannend zu lesen, was schreiben andere Autoren in ihren Dankesworten?

Mein Dank gilt ganz eindeutig meinem Ehemann. Er durfte als Erster meine Texte lesen und mit viel Feingefühl äußerte er dann seine Verbesserungsvorschläge. Er hat mir beigestanden und den Rücken gestärkt. Sein Motto, »In der Ruhe liegt die Kraft«, hat mir immer gut getan.

Und auch bei mir gibt es Freundschaften, die mich immer wieder in meinem Tun bestärkten. Also hier ein Dank an Damaris und Gerd Walter. Mit ihren Ideen und Vorschlägen – auch tatkräftig in Form von Fotos – haben sie mich unterstützt.

Erwähnen darf ich hier besonders Ursel Kiening. Mit Hingabe und routiniert hat sie die notwendigen Korrekturen gefertigt. Immer konnte ich mich auf sie verlassen. Dies ist deshalb so erwähnenswert, da ihr diese Art von Märchen und Geschichten so gar nicht liegen.

Nicht zuletzt möchte ich an dieser Stelle Claudia Fröhlich nennen. Mit Nachdruck und Kraft hat sie wiederholt gesagt, dass ich ein Märchenbuch erschaffen werde. Danke.

Über Angelika Frikell

Angelika Frikell, geboren und aufgewachsen in Berlin. Seit 2001 lebt sie mit ihrem Mann und Katzen in Bayern.

Sie arbeitete über zwölf Jahre im Dekanat der Fakultät für Maschinenwesen an der Technischen Universität München mit Standort in Garching.

Ehrenamtlich ist sie beim Bayerischen Roten Kreuz und dort als Kriseninterventionshelfer tätig. Sie wird zu Menschen gerufen, die ein schweres Ereignis zu bewältigen haben.
Auf diese Tätigkeit aufbauend ist sie Ausbilderin geworden und bildet Helfer für den Kriseninterventionsdienst, die sogenannte Psychosoziale Notfall-Nachsorge, aus.

Wie man mit Hinterbliebenen und Betroffenen in der Zeit der Trauer umgeht, vermittelt sie zudem in Seminaren und Vorträgen.

Als Ausgleich zu dieser schweren Arbeit schreibt sie Geschichten, Episoden und Märchen. Sie veröffentlicht diese in regionalen Zeitungen und hält ebenfalls regelmäßig Lesungen ab.